CARTA A UM JOVEM PROFESSOR

```
M514c    Meirieu, Philippe
             Carta a um jovem professor / Philippe Meirieu ; tradução Fátima
         Murad. – Porto Alegre : Artmed, 2006.
             96 p. ; 23 cm.

             ISBN 978-85-363-0730-5

             1. Professores – Formação. I. Título.

                                                              CDU 371.13
         Catalogação na publicação: Júlia Angst Coelho – CRB 10/1712
```

CARTA A UM JOVEM PROFESSOR

Philippe Meirieu
Doutor em Letras e Ciências Humanas

Tradução:
Fátima Murad

Consultoria, supervisão e revisão técnica desta edição:
Fernando José da Rocha
Doutor em Psicolingüística pela Universidade Católica de Louvain, Bélgica.
Professor Adjunto no Departamento de Filosofia da UFRGS.

Reimpressão 2009

2006

Obra originalmente publicada sob o título
Lettre à un jeune professeur
© 2005 ESF éditeur

ISBN 2-7101-1740-1

Capa
Gustavo Demarchi

Preparação do original
Alexandre Muller Ribeiro

Leitura final
Carla Rosa Araujo

Supervisão editorial
Mônica Ballejo Canto

Projeto gráfico
Editoração eletrônica

Reservados todos os direitos de publicação, em língua portuguesa, à
ARTMED® EDITORA S.A.
Av. Jerônimo de Ornelas, 670 - Santana
90040-340 Porto Alegre RS
Fone (51) 3027-7000 Fax (51) 3027-7070

É proibida a duplicação ou reprodução deste volume, no todo ou em parte, sob quaisquer formas ou por quaisquer meios (eletrônico, mecânico, gravação, fotocópia, distribuição na Web e outros), sem permissão expressa da Editora.

SÃO PAULO
Av. Embaixador Macedo de Soares, 10.735 - Galpão 5
Vila Anastácio - 05035-000 São Paulo SP
Fone (11) 3665-1100 Fax (11) 3667-1333

SAC 0800 703-3444

IMPRESSO NO BRASIL
PRINTED IN BRAZIL
Impresso sob demanda na Meta Brasil a pedido do Grupo A Educação.

Sumário

Introdução
A dimensão oculta 11

1. Não temos de escolher entre o amor aos alunos e o amor aos saberes 17

2. Nós ensinamos para que outros vivam a alegria
    de nossas próprias descobertas 23

3. Nosso projeto de transmitir não combina com as pressões
    sociais sobre a Escola 31

4. Queremos ser eficazes, mas não em quaisquer condições 41

5. No cerne do nosso ofício está a exigência 49

6. Uma preocupação da qual não devemos nos
    envergonhar é a disciplina em sala de aula 59

7. Qualquer que seja nosso estatuto, quaisquer que sejam nossas
    disciplinas de ensino, somos todos "professores de Escola" 67

    – A Escola como instituição do encontro da alteridade 69
    – A Escola como instituição da busca da verdade 70
    – A Escola como instituição de uma sociedade democrática 72

Conclusão
Utópicos por vocação 83

Entrevistas com jovens professores 89

*"Você está olhando para fora, e é justamente
o que não deveria fazer hoje.*

Ninguém pode aconselhá-lo nem ajudá-lo, ninguém.

*Só existe um meio.
Volte para dentro de si mesmo."*

Rainer Maria Rilke
Cartas a um jovem poeta[1]

Uma pesquisa realizada em abril de 2004 junto a uma amostra de *professores de 1ª a 4ª séries* com menos de cinco anos de atividade indica que 79% deles consideram sua profissão como desvalorizada. A maioria diz ter escolhido esse ofício "por vocação" desde a infância ou a adolescência, mas 62% acham que não conseguirão atingir os objetivos pelos quais se comprometeram. Porém, o êxito dos alunos continua sendo seu principal objeto de satisfação. E embora se digam ainda apaixonados e entusiasmados, eles se preocupam com a degradação das condições materiais do exercício de seu ofício, como também pelas imposições institucionais arbitrárias e múltiplas que sofrem no dia-a-dia.

(Pesquisa da CSA-SNUipp*, abril de 2004)

Uma outra pesquisa realizada em 2004 junto a uma amostra de *professores de 5ª a 8ª séries* pela diretoria de Avaliação e Prospectiva do Ministério da Educação Nacional revela que 91% deles reconhecem a existência de um mal-estar em sua profissão. E 60% se sentem diretamente afetados e envolvidos nisso. Indagados sobre as causas desse mal-estar, os professores assinalam a defasagem entre o ideal da transmissão do saber e a realidade do ambiente que engendra, ao mesmo tempo, um sentimento de impotência, de frustração e de desencorajamento. As principais fontes de dificuldades parecem decorrer da degradação das relações com os alunos, de sua indisciplina e de sua desmotivação. Independentemente disso, as motivações expressadas pelos professores no momento da escolha do ofício continuam intactas, em particular o ensino da "disciplina que lhes agrada". É nisso que eles dizem encontrar suas maiores satisfações.

(*Évaluation et statistiques*, "Portrait des enseignants de collèges et lycées", ministère de l'Éducation nationale, Paris, abril de 2005)

---

*N. de R.T. Empresa especializada em fazer estudos sobre todos os setores de atividade econômicas, comerciais e sociopolíticas.

Introdução

A dimensão oculta

Cara colega,

Caro colega,

Por muito tempo hesitei em lhe escrever. E só tomei essa decisão depois de ter conversado longamente com você. Com seus predecessores, ou, mais precisamente, com aqueles e aquelas com quem trabalhei nestes últimos anos e que confiaram suficientemente em mim para me revelar algumas de suas preocupações.

Em primeiro lugar, naturalmente, sua vontade – pois a sua é uma geração pragmática – de estar bem-informado sobre os programas e melhor instrumentado para acompanhar os alunos em sua trajetória. E também seu desejo – pois a sua é uma geração inquieta – de ser tranqüilizado sobre as tensões com as famílias e a administração, de ser acompanhado na preparação das aulas assim como na gestão da classe[2]... Mas creio ter captado também, dissimulado por trás da tradicional reivindicação de "verbas", a preocupação de compreender o que se opera no mais íntimo do ato de ensinar, no colóquio singular com a classe, quando se está sozinho diante dos alunos e, quando os alunos vão embora, sozinho diante de si mesmo.

> Por trás da reivindicação de verbas, uma interrogação sobre o face a face pedagógico.

Ora, no que diz respeito à informação e à instrumentação, as instituições de formação, as publicações universitárias e os manuais de todo tipo se encarregam amplamente. É impossível hoje, para um jovem professor, dizer que nunca ouviu falar de "competências profissionais em jogo no ato de ensinar", da maneira como "os alunos constroem seus saberes" ou dos "novos públicos" que invadiram a Escola desde sua massificação. Mas é impossível também escapar – com facilidade – das denúncias polêmicas dos adversários do "pedagogismo": você já os ouviu mil vezes estigmatizar "as renúncias sucessivas às verdadeiras exigências intelectuais da Escola" ou "os perigos da demagogia galopante que, sob o pretexto de se adaptar às necessidades dos alunos, promoveu um igualitarismo devastador"... Com certeza, você não lê regular-

12 Philippe Meirieu

mente nem *Les Cahiers Pédagogiques* nem o *Bulletin* da Associação dos professores, mas, *grosso modo*, conhece seu conteúdo!

Quanto a mim, evidentemente, não evitarei tomar partido quanto ao discurso técnico sobre o ensino e à retórica da indignação. De um lado, porque, tendo dado minha contribuição ao primeiro por um tempo e, depois, tendo sido violentamente atacado pela segunda, eu correria o risco de embaralhar perigosamente as pistas. De outro lado, porque não é possível colocar no mesmo plano aqueles que se encarregam – mesmo que de mau jeito – da complexidade da coisa educativa para tentar compreendê-la e impulsioná-la... com aqueles que se regozijam – até com orgulho – na denúncia e no insulto. Eu fiz minhas escolhas e, ainda que às vezes sejam dolorosas no plano estético, permaneço fiel a elas. Mas compreendo que, de sua parte, encurralado entre as prescrições de uns e os panfletos de outros, você trace o seu próprio caminho: provendo-se de um "kit de sobrevivência" para fazer face aos problemas de disciplina, construindo para si mesmo algumas convicções sobre os perigos da mercantilização da escola e recolhendo, aqui e ali, as informações necessárias para a gestão de sua carreira.

Aliás, não há nada de medíocre nessa estratégia, e seria muito presunçoso aquele que o condenasse por tentar "se dar bem". Isso também faz parte do ofício! Todas as manhãs você é obrigado a tomar o caminho da escola, mesmo que preferisse fazer outra coisa, que não tenha tido tempo de preparar suas aulas, que esteja apreensivo ou que o cansaço e o desânimo sejam mais fortes.

> Não há nada de condenável em procurar sobreviver da melhor maneira possível!

Porém, aceitar a mediocridade inevitável do cotidiano não significa condenar-se irremediavelmente à rotina e à insignificância. E muito menos abandonar a esperança de que "alguma coisa" importante possa acontecer, um dia, em sua classe. Pois foi isso, sem dúvida nenhuma, que o levou a escolher esse ofício. Você aspira a "alguma coisa" que nem sabe definir bem, mas não encontra indicações seja nos tratados teóricos seja nas diatribes antipedagógicas. "Alguma coisa" que emerja desse "não-sei-o-quê" ou desse "quase-nada" que – no amor ou onde quer que seja –, como explica Vladimir Jankélévitch (1981), sempre faz "toda a diferença[3]".

Pois, mesmo supondo que tudo esteja esclarecido, tanto nos conteúdos a ensinar como nas múltiplas tarefas impostas pela instituição, você bem sabe – embora nem sempre ouse confessar – que há "um algo". Uma dimensão oculta, ao mesmo tempo muito pessoal e muito universal, que toca o próprio âmago do "projeto de ensinar". Uma espécie de vibração particular trazida pelos professores e que já não é mais redutível à lista de competências necessárias para ensinar do mesmo modo que o som de um violino não é dedutível de sua concepção técnica. Certamente, é preferível que o violino seja bem-concebido e, eventualmente, se isso for possível, tocar em um Stradivarius. Contudo, um excelente violino sem o talento do violinista e a atenção da platéia não passa de um belo objeto de decoração. Do mesmo modo que uma lista de competências que não é animada por um projeto.

> Porém, a busca de "alguma coisa" que dê sentido ao projeto de ensinar.

E, efetivamente, para além de todas as habilidades a pôr em prática, ser professor é uma maneira particular de ser no mundo. Aliás, "os outros" costumam zombar de nosso *esprit de corps*; eles dizem que é fácil nos reconhecer em nossos comportamentos cotidianos, em nossa maneira de falar – um pouco categórica e dogmática – e em nossas referências culturais e políticas: casebres rurais e casas velhas precisando de reforma, assinatura da *Télérama** e de peças de teatro nacionais, convicções laicas e gosto acentuado pelos velhos rituais do escotismo, simpatias por outros mundos e compras agrupadas de vinhos de safra especial para as festas de fim de ano... Evidentemente, "os outros" estão errados![4] Já faz muito tempo que o modelo foi para o espaço e que nós nos dispersamos no tabuleiro social e político...

Entretanto, por trás da caricatura existe, sem dúvida, uma certa verdade: um professor é sempre mais ou menos "professoral". Com uma forma particular de olhar o mundo. Uma maneira de se situar, de imediato, em um projeto de transmissão que o leva a considerar as crianças e os saberes de modo original. Enquanto o artista procura comover, o político convencer, o empresário dirigir, *o professor, por sua vez, ensina.* E isso com uma espécie de rigidez constitutiva, como que cingido nos saberes que transmite e aos quais jurou fidelidade. Mas, ao mesmo

> Uma identidade profissional irredutível à soma de tarefas que lhe são confiadas.

tempo, com uma forma de paixão: como que para participar, em sua transmissão, do próprio movimento pelo qual esses saberes emergiram na história dos homens. E sempre com uma seriedade imperturbável: como se carregasse o futuro a tiracolo e tivesse sempre em mente que a instrução das crianças não tolera a futilidade.

É tudo isso que faz o professor. Tudo isso que pude ver surgir em você, durante seus estudos, e observar, tanto em mim mesmo como em meus colegas, ao longo dos anos: um projeto que vai muito além da necessária definição administrativa de nossas tarefas, uma perspectiva que constitui o centro de nossa identidade profissional. Uma coisa sobre a qual quase nunca se fala, e que, no entanto, você está sempre perseguindo: um "acontecimento pedagógico".

---

*N. de R.T. Revista sobre a programação de TV francesa.

14   Philippe Meirieu

> **Um "acontecimento pedagógico" que você não conhece, mas que mesmo assim sabe reconhecer.**

Com certeza, você não sabe descrever precisamente o que espera, porém, estranhamente, sabe reconhecer sua realização. O que se passa nesse momento é, literalmente, extraordinário: contra todas as formas de fatalidade, e apesar de todas as dificuldades objetivas da tarefa, *a transmissão advém na sala de aula*. Alunos aprendem, compreendem, progridem quando ninguém mais esperava por isso. A gente acaba conseguindo o que nem mesmo as preparações mais sofisticadas poderiam supor. A gente se entusiasma. A situação escapa ao controle, e, ao mesmo tempo, o saber passa a ocupar completamente as palavras que trocamos... O professor passa então a sentir tanta alegria em ensinar quanto o aluno em aprender; o esforço de um induz infalivelmente ao esforço do outro, e o êxito comum dá à sua presença na sala de aula uma espécie de evidência que afasta de um golpe todos os fardos cotidianos e todos os problemas institucionais.

Ora, esse fenômeno está quase que totalmente ausente dos escritos sobre o ofício de professor e sobre a Escola. Às vezes lhe ocorre simplesmente de encontrar uma aproximação, nos meandros de uma emoção literária ou cinematográfica, na leitura do testemunho de um ex-colega ou nas recordações de antigamente... quando o cerimonial e os comportamentos ainda eram regidos por regras que tornavam perfeitamente legível o "acontecimento pedagógico".

Assim, quando o pequeno Marcel Pagnol evoca a aula de seu pai educador, ou quando Alain Fournier descreve a do Grand Meaulnes, quando você olha as fotos de Doisneau ou penetra no universo preservado de uma escola rural, com o filme *Être et avoir*,[5] você tem a sensação de, finalmente, ter encontrado o essencial: aquilo que esconderam de você com tanto cuidado e que, no entanto, justifica seu engajamento nesse ofício. Você sente um *frisson*: lá, pelo menos, ainda não tinham perdido a chave! O que se passava na sala de aula responderia à sua aspiração profunda... uma aspiração que hoje se tornou pedagogicamente "incorreta"!

> **A sensação de que o essencial se perdeu para sempre.**

Contudo, se a fascinação é tão grande, isso se deve, sem dúvida, a que lá – ao contrário do quadro confuso e violento que a mídia apresenta da "escola de hoje" – a situação aparece em uma espécie de pureza cristalina: petrificada em um quadro idílico que, às custas de uma simplificação retrospectiva, faz com que o acontecimento pedagógico se manifeste com a mesma evidência que o sorriso da Mona Lisa.[6] Tudo permanece no seu lugar por toda eternidade: as carteiras, os tinteiros, os mapas da França com a divisão em departamentos, o aquecedor no fundo da classe, o modelo do corpo humano em seu pedestal e os cabides na parede. O professor é severo, mas benevolente, pobre, mas digno. Os alunos, como era de se esperar, têm as mãos manchadas de tinta, porém, estão petrificados em uma imagem ideal da infância: comportados e irrequietos ao mesmo tempo, tão atentos à aula quanto apressados para ir brincar no recreio. Entre o professor e as crianças, o acontecimento pedagógico existe, é palpável, está presente: a harmonia se produz espontaneamente, há um acordo entre as partes e a transmissão se realiza.

E, justamente porque é mais fácil percebê-lo nessas situações arquetípicas, o acontecimento pedagógico acaba por se identificar com elas, e nossa identidade profissional corre o risco de se refugiar na nostalgia de um paraíso perdido para sempre. Visto que o que tinha sentido no ofício parece mais legível nas imagens da Escola de Épinal* do que nas situações contemporâneas bem reais, alguns acabam convencendo-se de que o acontecimento pedagógico tornou-se inacessível, e que é tão inútil esperar reencontrá-lo hoje quanto é de bom tom lamentar o tempo em que isso ainda era possível.

> No entanto, tudo ainda é possível...

Porém, gostaria de lhe provar o contrário. Gostaria de lhe falar desse "não-sei-o-quê" que, ao longo das formações assim como na maior parte das discussões entre colegas, nos escapa entre os dedos. Gostaria de tentar descobrir com você aquilo que funciona no âmago do ofício, esse foco mitológico de onde parte o essencial de nossa energia e de onde vem também, nos momentos de depressão, nosso desânimo. Gostaria de mostrar-lhe que, apesar da avalanche de instruções mais ou menos oficiais e da complexidade da nossa instituição escolar, apesar do fardo das tarefas administrativas que temos de realizar todos os dias, apesar da formatação de nossos alunos pela mediocridade televisiva, apesar das pressões sociais exercidas sobre nós a partir de todas as partes, apesar do desaparecimento em nosso ambiente escolar, assim como em muitas de nossas reuniões de professores, de qualquer traço de poesia, ainda é possível que a transmissão advenha na sala de aula. E que então, de súbito, o ofício passe a ter sentido.

Obviamente, essa dimensão oculta não elimina por milagre as dificuldades materiais que consomem nossa vida, nem os múltiplos problemas de toda ordem que enfrentamos o tempo todo. Ela também não desqualifica o necessário trabalho de reflexão sobre os conteúdos do ensino, nem o investimento indispensável nas estruturas institucionais da escola ou do estabelecimento... No entanto, é justamente para fazer face a tudo isso que precisamos restaurar regularmente nossa inteireza. Caso contrário, nós nos dispersaríamos em

---

*N. de T. Distrito do Departamento de Vosges, possui um Centro de Iconogragia Popular desde o final do século XVIII.

Philippe Meirieu

uma infinidade de atividades sociais, todas eminentemente respeitáveis, mas que, em última análise, poderiam muito bem ser atribuídas a um exército de autômatos ou de auxiliares.

Creio que já é hora de se olhar de perto a dimensão oculta de nosso ofício, essa intencionalidade profissional de origem que nos institui como professores. No sentido próprio do termo, é ela que nos mantém de pé.

Notas

1. A alusão a Rilke e a referência imodesta às suas *Cartas a um jovem poeta* me levaram a dar a esta obra um título que poderá parecer sexista. Evidentemente, não é essa minha intenção. Às mulheres que ensinam ou que estão se preparando para ensinar peço que me desculpem e que considerem este texto como dirigido também a todas as jovens professoras.
2. Ao final de sua *Enquête sur les nouveaux enseignants* (Paris, Bayard, 2004), Patrick Rayou e Agnès van Zanten notam que os jovens professores chegam hoje ao ofício com menos idealismo que os mais velhos: seu discurso é menos político e mais pragmático; eles desejam que seus alunos tenham êxito, mas também sabem pedir conselhos ou buscar outras competências em face das dificuldades...
3. *Le je-ne-sais-quoi et le presque-rien*, Paris, Le Seuil, 1981.
4. Como sempre ocorre quando se reduz pessoas à caricatura que se fez delas aqui ou ali! Isso o deixa profundamente irritado quando se trata de você... E você aprende rápido que nosso ofício consiste justamente em ajudar os alunos – sejam eles os garotos de subúrbio mais de acordo com a imagem criada pela mídia ou moças saídas diretamente de uma butique da moda! – a se livrarem das representações que lhes cabem reproduzir.
5. Esse filme, dirigido por Nicolas Philibert, fez um enorme sucesso, como todas as obras que evocam "a escola de antes" (N. de T. O filme foi exibido no Brasil em 2004 com título *Ser e Ter*).
6. Evidentemente, o passado que idealizamos dessa maneira era também cheio de mediocridade, e mesmo de terríveis perversões: a literatura nos lembra disso com insistência. Mas, estranhamente, preferimos imputar esses fenômenos aos defeitos dos homens para preservar a perfeição da instituição. Já hoje, os ministros, assim como os jornalistas, afirmam o contrário: a qualidade dos homens e o caráter intrinsecamente mau da instituição.

1

Não temos de escolher entre o amor aos alunos e o amor aos saberes

Você então decidiu ensinar. Foi nomeado para uma pequena escola rural, é contratado em um colégio do centro ou faz estágio em uma escola profissionalizante de subúrbio. Ensina a desenhar na pré-escola ou leciona história na 7ª série. Explica gramática para crianças de 7 anos ou engenharia elétrica para alunos de último ano do ensino médio. Em suma, você é professor. Professor de educação infantil e das primeiras séries ou professor de 5ª a 8ª séries e de ensino médio... E, logo de início, você se pergunta se é tudo o mesmo ofício e se posso dirigir-me assim a você, indistintamente. Não seria um pouco falso identificar os que eram chamados antigamente de professores primários e os professores de 5ª a 8ª séries e do ensino médio? Será que eles constituem verdadeiramente um conjunto homogêneo, embora tantas coisas pareçam separá-los? E não seria gravemente simplificador ou terrivelmente hipócrita da minha parte confundir assim, sob o pretexto de uma denominação administrativa comum, dois ofícios tão diferentes?

Atribui-se a Jules Ferry esta fórmula lapidar: "Alguém se torna professor de educação infantil e das séries iniciais porque gosta das crianças e professor de matemática porque gosta de matemática". Não é certo que o ilustre fundador tenha realmente pronunciado essa frase, mas, sem dúvida, ele pensou bastante sobre isso para que ela se imponha ao nosso imaginário coletivo e suscite, ainda hoje, toda vez que é pronunciada, uma ampla aprovação. Certamente, os

O professor de educação infantil e das séries iniciais do ensino fundamental e o professor de 5ª a 8ª séries e de ensino médio constituem um único e mesmo ofício?

18   Philippe Meirieu

professores primários foram substituídos, desde 1989, pelos "professores de escolas".* Certamente, as condições de recrutamento e as carreiras de professor do ensino fundamental e médio foram alinhadas. Entretanto, a opinião resiste à idéia de que se trataria do mesmo ofício, e os estudantes sempre diferenciam entre uma função que exigiria, antes de tudo, uma boa dose de psicologia e, acessoriamente, alguns conhecimentos disciplinares... e uma função que demandaria, essencialmente, um excelente domínio em uma disciplina e, acessoriamente, algumas noções de pedagogia. Mais importante ainda é que o ofício de professor de educação infantil e das séries iniciais do ensino fundamental evoca necessariamente uma relação particular com a infância, feita de paciência e de solicitude, enquanto que o ofício de professor das séries finais do ensino fundamental e de ensino médio remete a uma relação privilegiada com o saber teórico, feita de impaciência e de exatidão. Até a 4ª série do ensino fundamental, detém-se sobre o aluno, a quem se acompanha calmamente, enquanto que nas séries seguintes, ao contrário, exige-se que o aluno se aprume, deixe de se eternizar na infância e finalmente se submeta à disciplina que se impõe a ele.

Pode-se dizer, de resto, que essa clivagem se impõe inclusive no que diz respeito às missões que a instituição escolar confia aos seus professores: nas primeiras séries, ensinam-se todas as disciplinas, enquanto que, a partir da 5ª série, o professor se dedica inteiramente a uma delas. No primeiro caso, ele deve preocupar-se com a criança em sua totalidade, no segundo, deve especializar-se estritamente... Mas estamos indo um pouco rápido demais: estamos esquecendo que por muitos anos tivemos professores polivalentes a partir da 5ª série, e que há muito tempo já existem interventores especializados em música, desenho ou educação física nas séries iniciais. Estamos esquecendo que a monovalência dos professores de ensino médio não os impede de ensinar várias disciplinas conforme associações que a universidade não reconhece ou reprova: história e geografia, física e química, biologia e geologia, francês e latim, economia, administração, direito e informática, ou ainda, biotecnologias, que associam bioquímica, ciência do hábitat, ecologia, biologia e nutrição. Estamos esquecendo, enfim, que, no ensino profissionalizante, há professores que ensinam letras e história, matemática e ciências físicas, ou ainda ciências e técnicas médico-sociais, que requerem a contribuição de uma dezena de campos disciplinares diferentes.

Assim, é preciso superar a representação tradicional, que opõe o ensino nas séries iniciais e nas séries finais do ensino fundamental. Não temos, de um lado, animadores benevolentes desprovidos de verdadeiras competências disciplinares e, de outro, conhecedores especializados, sem a preocupação de acompanhamento das pessoas.

---

*N. de T. *"Professeur des écoles"*: designa o professor de educação infantil (2 a 6 anos) e das séries iniciais do ensino fundamental (7 a 10 anos).

Nas séries iniciais, assim como nas séries finais do ensino fundamental e no ensino médio, existem conteúdos rigorosos que requerem um conhecimento aprofundado daquilo que se ensina e dos mecanismos mentais que isso obriga a pôr em prática: não é mais fácil ensinar crianças da educação infantil a se expressar corretamente do que explicar a alunos de 7ª série o teorema de Pitágoras. É tão difícil ensinar leitura na pré-escola quanto introduzir adolescentes do 2º ano do ensino médio na poesia de Mallarmé. É tão complicado formar alunos de 8 anos no procedimento experimental ou iniciá-los na expressão artística quanto apresentar a jovens de 17 anos a filosofia de Platão ou o funcionamento de um refrigerador...

> Nas séries iniciais como nas séries finais do ensino fundamental, os conteúdos são rigorosos e os professores devem ter competência pedagógica.

E, do mesmo modo, seja nas séries iniciais e finais do ensino fundamental ou no ensino médio, o domínio de conteúdos disciplinares, por mais perfeito que seja, não assegura automaticamente as chaves de sua transmissão. Não basta saber ler para conseguir ensinar leitura às crianças, assim como não basta saber saltar em altura para ser professor de educação física e esportiva: é preciso também conseguir ensinar essa técnica a uma criança com excesso de peso e lhe possibilitar adquirir uma verdadeira competência, a despeito da inevitável mediocridade de seus desempenhos nesse âmbito. E, se for preciso, é claro, conhecer perfeitamente o desenrolar da Segunda Guerra Mundial para apresentá-la corretamente a alunos do ensino médio, isso não basta para fazê-los compreender – sem justificar – o crescimento do anti-semitismo e, mais ainda, para lhes mostrar – evitando tanto as concessões quanto um realismo desnecessário e cru – o caráter radical da Shoah. Pois se trata aqui de fornecer conhecimentos históricos rigorosos e, ao mesmo tempo, de despertar a humanidade no homem.

A questão não é, portanto, opor um ofício "centrado no aluno" – que dedicaria tempo para ajudar cada um a compreender e a superar os obstáculos encontrados – a um ofício "centrado nos saberes", que se contentaria em transmitir conhecimentos a sujeitos que seriam exortados ao trabalho pessoal, ao esforço cotidiano e a um investimento autônomo. Em todos os casos, o professor deve possibilitar a cada aluno confrontar-se com um saber que o ultrapassa e, ao mesmo tempo, fornecer-lhe a ajuda necessária para se aproximar dele; e deve solicitar o comprometimento da pessoa e, simultaneamente, colocar à sua disposição os recursos sem os quais não poderá ter êxito em suas aprendizagens.

> Ensinar é organizar o confronto com os saberes e ajudar a se apropriar deles.

20 Philippe Meirieu

Não se deveria imaginar, de fato, que o acompanhamento pedagógico dos alunos seja uma maternagem permanente, uma maneira de ceder aos seus caprichos ou de lhes permitir abandonar-se sistematicamente à facilidade, com a doce certeza de que, façam o que fizerem, sempre terão a indulgência do professor. Do mesmo modo, o confronto com saberes de alto nível não implica o abandono de pessoas em dificuldade diante dos obstáculos que encontram, o encaminhamento a um hipotético apoio externo e a terrível inquietação de pôr em jogo seu destino a cada etapa, sem jamais conseguir dispor de um período de recuperação... Nem maternagem, nem abandono, *todo ensino verdadeiro, em todos os níveis, assume, ao mesmo tempo, o caráter inquietante do encontro com o desconhecido e o acompanhamento que proporciona a segurança necessária.* Ele não livra o aluno de se jogar na água, de se lançar em uma aventura inédita para ele, mas lhe dá alguns conselhos para não se afogar, indica-lhe alguns apoios para avançar e prevê uma corda no caso de um passo em falso.

> A aprendizagem implica um risco difícil que devemos acompanhar.

A cada aprendizagem, de fato, o aluno se confronta com alguma coisa que o ultrapassa. Alguma coisa que requer um compromisso por parte dele e implica um risco que ninguém poderá assumir em seu lugar: entrar em um texto e ler até o fim, recitar um poema diante da classe, tentar resolver um problema de matemática ou encadear dois movimentos de ginástica... nada disso é simples. E seria preciso ter esquecido completamente nossa própria história para imaginar que uma criança pode fazê-lo sem "tomar a pulso", prender a respiração por um momento, contar "um, dois, três" com os dedos nas costas... Seria preciso ter perdido a memória de nossas próprias aprendizagens para acreditar que um olhar do professor, ainda que particularmente atento e benevolente, dispensa do esforço de escapar, com mil apreensões e dificuldades, das areias movediças do "não vou conseguir nunca"...

É por isso que os saberes dos pequenos não são saberes pequenos. De um lado, em razão da importância decisiva das capacidades mentais que eles permitem construir, de outro lado, porque requerem um investimento pessoal que envolve a pessoa inteiramente. E se cabe aos adultos acompanhar mais de perto possível os alunos das primeiras séries em suas aprendizagens, isso de modo nenhum dispensa estes últimos, mesmo os mais novos, de seu compromisso e de seu esforço: é preciso uma energia e uma vontade tão grandes – se não maiores – para se iniciar nas linguagens fundamentais quanto para se apropriar de conhecimentos universitários!

Do mesmo modo, as aprendizagens mais especializadas, ainda que se apresentem em um momento de nossa evolução em que já aprendemos a enfrentar o desconhecido e a pactuar com a angústia, precisam ser acompanhadas e apoiadas. Só aqueles que, depois de adultos, não aprendem mais nada, podem imaginar que os alunos mais velhos aprendem com facilidade. Que basta apresentar-lhes o saber para que se apropriem dele "naturalmente"! Que não é preciso nem uma escuta atenta, nem uma compreensão benevolente. Que eles vão buscar sozinhos os recursos necessários e que recomeçam permanentemente sem jamais desanimar. As aprendizagens dos grandes não se libertam milagrosamente da parcela de infância que mantemos em nós... justamente porque aprender é nascer para outra coisa, descobrir mundos que desconhecíamos até então. Aprender é ver suas certezas balançarem, é desestabilizar-se e sentir necessidade, para não se perder ou desanimar, de referências estáveis que apenas um profissional do ensino pode oferecer.

> Ser professor é assumir sempre a apresentação dos saberes e, ao mesmo tempo, o acompanhamento de sua apropriação.

Assim, o ofício de professor é sempre o mesmo, quer se exerça em uma escola de educação infantil ou no final do ensino médio, quer se trate de transmitir as bases da classificação decimal ou a técnica da derivada, quer isso se realize com alunos comuns ou com alunos "com necessidades especiais", como se diz atualmente. É sempre o mesmo ofício: um ofício que associa, em um único gesto profissional, *o saber e o acompanhamento*. Um saber exigente, sem concessão quanto ao conteúdo. E um acompanhamento que permita a cada um introduzir-se nesse saber utilizando os recursos que são colocados à sua disposição.

Mais ainda: *o saber e o acompanhamento*, do ponto de vista do professor, são uma única coisa. Não existe, de um lado, um saber disciplinar que o professor teria apenas de expor ou transpor perante os alunos, enquanto que, de outro lado, bastaria ficar atento às dificuldades da classe e propor exercícios adequados a cada um. É no próprio movimento do saber ensinado que aparecem, no mais íntimo deste último, em seus meandros mais secretos, os obstáculos ao seu ensino. Esses obstáculos provêm do registro do saber ou dos alunos? Trata-se de uma questão sem interesse e impossível de resolver: os obstáculos emergem no encontro entre o saber e os alunos. Eles emergem quando o professor procura explicar como os conhecimentos são organizados e os alunos lhe remetem sua própria organização mental que ainda não consegue apropriar-se facilmente deles.

> É nas situações-limite que se sente melhor a especificidade de nosso ofício.

É por isso, sem dúvida, que, desde o século XVIII, quando Itard tentou instruir Victor de l'Aveyron – "o menino selvagem" que vimos no célebre filme de François Truffaut –, foram sempre os educadores de "anormais" que impulsionaram a pedagogia, e isso em benefício de todos os outros. Foram eles que

22   Philippe Meirieu

inventaram os métodos mais originais que, posteriormente, as escolas de "crianças comuns" retomaram de forma sistemática: é o caso tanto dos quebra-cabeças e de outros jogos de construção que se utilizam nas escolas maternais quanto dos *softwares* sofisticados que hoje permitem desenhar em três dimensões.

Sempre me impressionou o fato de que aqueles que tentam ensinar alunos portadores de deficiência mental ou com lesão cerebral sejam levados a realizar um trabalho de decomposição dos conhecimentos que os coloca em posição de compreender de dentro – e melhor que seus colegas que ensinam "crianças comuns" – aquilo que tentam transmitir e, ao mesmo tempo, compreender também de dentro – melhor que muitos psicólogos – como funciona a inteligência daqueles a quem se dirigem. Isso se deve ao fato de que eles trabalham simultaneamente as duas faces de uma mesma realidade, daquilo que constitui o âmago do ofício de professor: a transmissão.

> Independentemente do que ensina e de onde ensina, um professor sempre ensina alguma coisa a alguém.

Assim, talvez você tenha escolhido o ensino nas primeiras séries porque gosta das crianças ou o ensino de 5ª a 8ª séries em razão de suas relações particulares com o espanhol. A não ser que você tenha escolhido ensinar nas primeiras séries porque tem uma predileção muito especial pelos contos fantásticos ou no ensino médio porque tinha muita vontade de trabalhar com adolescentes mais crescidos. Pouco importa no fim das contas.[1] Onde quer que você ensine, e seja qual for seu público, você sempre *ensina alguma coisa a alguém*. Não existe professor que não ensine nada. Não existe professor que não ensine a alguém. Todo professor trabalha sobre essa difícil associação entre objetos de saber e sujeitos que devem apropriar-se deles. É por isso que um professor não é nem um "simples" conhecedor, nem um "simples" psicólogo. Não é tampouco uma "simples" justaposição de ambos. É uma outra coisa. Ou melhor, alguém diferente. Alguém que tem seu próprio projeto... E é, por isso, no sentido mais forte da expressão, "alguém!".

Aliás, você já sabe disso. E foi justamente o que o levou a escolher esse ofício.

Nota

1. Segundo um estudo da Diretoria de Avaliação e de Prospectiva do Ministério da Educação Nacional, 49% dos professores de 5ª a 8ª séries e do ensino médio dizem ter escolhido essa profissão pelo "contato com os alunos" e 47% pela "transmissão de saberes" (*Évaluation et statistiques*, "Portrait des enseignants de collèges et lycées", ministère de l'Éducation nationale, Paris, abril 2005). Mas muitos, sem dúvida, indicaram ali uma prioridade, e não uma razão exclusiva.

2

Nós ensinamos para que outros vivam a alegria de nossas próprias descobertas

Aposto que, se você se tornou professor, é porque um dia ou outro, durante sua escolaridade, encontrou um professor cuja voz ainda ressoa em você. Talvez você o tenha identificado desde o primeiro dia, e tenha dito a você mesmo: "Esse – ou essa – não é como os outros!". Ou então ele foi conquistando você pouco a pouco, ao longo do ano, a tal ponto que, quando chegaram as férias, você sentiu um aperto no coração e fugiu às diversões habituais para ir choramingar sozinho no seu canto. Você nunca confessou verdadeiramente a ninguém como isso foi importante. Sobretudo aos colegas e às colegas! Esse tipo de confissão é imperdoável e condena às gozações ou à perseguição por muito tempo. Você também não disse nada a seus pais: satisfeitos por ver que seu filho gosta da Escola, mas desconfiados em relação àquele cuja influência poderia concorrer com a deles. Desde a história do tocador de flauta,[1] os adultos sempre nutrem uma certa inquietação diante de qualquer um que seduza sua progenitura; todos eles, de algum modo, têm uma dívida não paga, e temem que os façam pagar caro demais: roubando seu filho ou sua filha.

> Na origem de nossa vocação, um encontro criador.

Assim, na maioria das vezes, esse encontro permaneceu como uma questão íntima para você... Porém, a partir daí, você passou a trabalhar de outra maneira. A ouvir de outra maneira, a olhar de outra maneira, a experimentar de outra maneira o que acontecia na classe: você finalmente estava presente na aula. Não uma presença episódica, quando a gente "se liga" entre dois devaneios, ao mesmo tempo em que mantém um olho fixo no ponteiro do relógio. Mas uma presença de uma densidade particular. O sentimento de que ocorre "alguma coisa" importante que o envolve completamente: o coração e

24   Philippe Meirieu

a inteligência. Inclusive uma certa exaltação, que você jamais teria imaginado e que hesita em nomear: "Inglês ou biologia... isso me interessa agora!". A expressão, aliás, é bastante limitada para uma realidade tão particular: um acordo quase perfeito, uma maneira de se relacionar, por intermédio de um outro ser, com um objeto de saber que – mesmo que você ainda não tenha consciência disso – o eleva e o ajuda a crescer. Evidentemente, as dificuldades todas não desapareceram do dia para a noite, mas alguma coisa mudou: existe agora, para você, um futuro possível de apreender. Você experimentou essa forma de fruição do espírito que, de súbito, entra em sintonia com o mundo que se revela. Ninguém sai incólume de uma tal aventura.[2]

E, provavelmente, uma das principais fraquezas de nossa condição humana é a necessidade que temos, para fazer essa experiência, da mediação de um homem ou de uma mulher, cujo espírito se apoderou anteriormente de um objeto de saber e cuja palavra consegue torná-lo acessível para nós. Sem dúvida, seríamos menos vulneráveis – por sermos mais "suficientes", em todos os sentidos do termo – se fôssemos capazes de fazer essa experiência sozinhos. Mas o próprio Robinson Crusoé só aprende graças à mediação dos objetos que recolhe nos destroços do navio, e nenhuma "criança selvagem", privada por muito tempo da presença de homens ao seu lado, poderá tornar-se adulta um dia.[3]

> Seremos a vida toda o aluno do professor que nos abriu a porta dos saberes.

Desse modo, precisamos ser introduzidos no mundo e acompanhados em direção ao conhecimento. Assim, seremos para sempre tributários daquele ou daquela que, ao lado das aprendizagens mecânicas ou de rotina, nos ajudou a distingui-las do que significa verdadeiramente aprender. Para sempre tributários e para sempre alunos. Como Albert Camus que, um dia depois de receber prêmio Nobel de Literatura, expressa sua gratidão ao seu antigo professor, o senhor Germain, sem o qual, diz ele, "nada disso estaria acontecendo", antes de assinalar: "um de seus pequenos escolares que, apesar da idade, não deixou de ser seu aluno reconhecido"... Isto porque a aula do professor Germain não era como outra qualquer: "Pela primeira vez, (os alunos) tinham a sensação de existir e de desfrutar da mais alta consideração: julgavam-nos dignos de descobrir o mundo".[4] É para isso que somos "formados". E que continuamos alunos para sempre.

E todos nós, você e eu, temos um professor Germain em nossa história. Podemos ter nos esquecido dele momentaneamente, contudo, sua influência foi decisiva para nossa construção. Um dia, quando tivemos de optar por um curso, traçar uma orientação profissional, a imagem do nosso professor Germain nos veio de novo à memória. De modo fugaz ou duradouro. É uma aula de aritmética sobre a proporcionalidade – velha lembrança das primeiras séries –

que nos conduz imperceptivelmente para o magistério, quando as pressões familiares nos direcionavam naturalmente para a engenharia. É esse sentimento, descoberto em educação física, de dominar completamente seu esforço, de ajustar seu movimento com precisão, de comandar totalmente seu corpo graças à inteligência de sua atividade motriz que pode nos levar um dia a optar pela carreira de professor de educação física e esportiva, quando seria bem mais prestigioso dedicar-se à competição. É a lembrança do caráter absolutamente fabuloso da aprendizagem da leitura ou do mistério infinitamente precioso que se esconde em todo mapa geográfico que pode nos levar à decisão de também abrir as portas do desconhecido a outras crianças. É a recordação de uma experiência científica que nos colocou subitamente diante de perspectivas fantásticas, ou ainda o encantamento diante de um texto literário, que apesar de aparentemente maçante se tornou tão necessário para nós a ponto de o recitarmos 100 vezes por dia... é tudo isso que nos encoraja a tentar produzir, de nossa parte, o acontecimento pedagógico.

Não há nada de extraordinário, então, em considerarmos nosso ofício como um meio de possibilitar a outros que vivam a alegria das descobertas que nós próprios vivemos. Existe, em todo professor, a nostalgia de uma "cena primitiva", como dizem os psicanalistas, que ele preserva com orgulho. E não há nada de nocivo nesse fenômeno. Ao contrário: trata-se de uma extraordinária fonte de energia. E também uma referência, uma baliza para navegar por longo tempo. Pois, a fidelidade a esse acontecimento criador proporciona igualmente um horizonte possível quando as condições de exercício do ofício se alteram, quando os programas evoluem e quando tudo aquilo que nos lembrava nossa própria escola já desapareceu.

> Cabe a nós possibilitar a outros que vivam o acontecimento criador que nós vivemos.

Assim, ensinamos antes de tudo para nos mostrarmos dignos daquele ou daquela que nos ensinou um dia. Talvez seja daí que extraímos a determinação e a energia para nos submetermos às humilhações de um concurso de seleção com provas sempre difíceis, em geral maçantes e raramente pertinentes em relação ao ofício que iremos exercer. O rito iniciático se realiza plenamente e opera a transubstanciação que nos permitirá, finalmente, estar à altura do professor. Exigência evidentemente impossível de satisfazer: nossas lembranças de alunos são sempre, também, lembranças de infância... antes da descoberta da inevitável mediocridade do mundo. Do tempo em que ainda éramos capazes de ignorar os outros à nossa volta, aqueles que, ao contrário de nós, não conseguiam sentir prazer em corrigir a frase ou em resolver o exercício, aqueles que ficavam à beira do caminho, como nós mesmos, talvez, em uma outra época ou em uma outra disciplina.[5]

26 Philippe Meirieu

Uma aspiração legítima ao encontro ideal com alunos perfeitos.

É por isso, sem dúvida, que todo professor imagina seu ofício como a transmissão de tesouros fascinantes a discípulos arrebatados. É por isso que ele aspira a um "acontecimento pedagógico total", como Sócrates, em *Fedra* de Platão,[6] que conversa prazerosamente com seu aluno enquanto passeiam à beira de um riacho: "Vamos virar aqui e descer o Ilissos: podemos nos sentar tranqüilamente em um lugar agradável. [...] Creio que me faria bem deitar na grama; e você, fique na posição que lhe parecer mais cômoda para fazer a leitura, e pode começar". Situação idílica em que a comunhão entre o mestre e seu discípulo é tamanha que, ao chegar a hora de partir, é este último que insiste: "Ainda não, Sócrates, pelo menos até passar o calor. Você não vê que é quase meio-dia, hora do calor mais intenso? É melhor continuar aquela nossa discussão...".

Evidentemente, sabemos que faz muito tempo que o Ilissos* já não passa mais à beira do caminho. Compreendemos perfeitamente que hoje a transmissão é arregimentada, que se realiza em espaços e em horários impostos, com base em programas impostos e com uma infinidade de tarefas burocráticas às quais não podemos nos furtar: verificação de ausências, correção de provas e avaliações de todo tipo, reuniões de coordenação, encontro com as famílias, redação de inúmeros projetos e de numerosos relatórios. E, pior ainda, e mais difícil de suportar que o peso da administração, é a ingratidão de nossos alunos: pois, ainda que preserve a esperança secreta de que um dia as coisas mudem, todo professor percebe a impaciência com que seus alunos aguardam a hora do recreio. Ele espera secretamente – e quase sempre em vão – que um discípulo venha lhe dizer baixinho: "Ainda não, professor, é melhor continuar aquela nossa discussão...".

Mas, como explica Daniel Hameline[7] àqueles e àquelas que ainda sonham que a classe se torne uma verdadeira festa do saber, uma celebração coletiva consentida da inteligência das coisas, um grupo de descoberta alegre e espontâneo, "a festa não é mais aqui". Irremediavelmente, para a imensa maioria de nossos alunos, nunca mais haverá festa na escola... justamente porque, "a festa é quando não tem aula"!

Uma decepção inevitável, mas dolorosa.

Eis-nos então de mãos vazias, vivendo na esperança de algo que hoje parece impossível, tendo escolhido um ofício com o intuito de realizar o que se revela impraticável. Eternamente insatisfeitos, e esperando em vão, ano após ano, ter diante de nós, finalmente, "a classe ideal", "os alunos ideais", para poder reviver com eles a cena primitiva, que está na origem de nossa escolha profissional. É por isso,

---

*N. de R. Ilissos: Rio de águas cristalinas em Atenas, Grécia.

talvez, que, na educação francesa, a promoção consiste em uma aproximação, em função da antigüidade e classificação, desses públicos seletos – os "grandes colégios", os cursos preparatórios para grandes as escolas – onde acreditamos que exista uma chance um pouco maior de encontrar aquilo a que aspiramos legitimamente. Mas só um pouco maior: pois, mesmo na universidade, a decepção não tarda! E, no final da aula, acabamos quase sempre sozinhos, esperando em vão pela frase que justificaria, enfim, todos os nossos esforços: "Ainda não, professor, é melhor continuar aquela nossa discussão..."

São coisas que a gente não diz quase nunca, mas que fazem parte da nossa sina comum: todos nós vivemos nesse descompasso, difícil de aceitar, entre nosso ideal e nosso cotidiano. E sofremos com isso: de forma mais ou menos ostensiva, às vezes retornando o sofrimento contra nós mesmos – "Sou mesmo um incompetente e nunca deveria ter escolhido esse ofício!" –, às vezes transformando-o em agressividade contra a "pseudodemocratização da Escola" e "a queda do nível provocada por políticas demagógicas"! Acreditem em mim: nenhum professor está livre dessas lamentações. E não se sinta culpado por ceder a elas eventualmente. É o reverso inevitável da medalha. O oposto da ambição luminosa que nos levou a escolher esse ofício...

> A exasperação diante de exigências institucionais que nos parecem tão longe do essencial.

Aliás, sou o primeiro a compreender – porque eu mesmo experimentei – esse sentimento de exasperação diante do que consideramos como perseguições administrativas irrisórias em relação ao nosso projeto de ensinar: "Professor Meirieu, o senhor não preencheu corretamente o diário da classe... O senhor está atrasado com seus boletins... O senhor esqueceu as últimas instruções ministeriais sobre a gramática? O senhor tratou de convocar os pais desse aluno? De encaminhar esse outro ao conselheiro de educação e de procurar a assistente social para relatar o caso desse terceiro?". Ou ainda: "Professor Meirieu, o senhor não fez nada para a semana da imprensa na escola? O que o senhor está pensando em fazer para a semana contra o racismo? O senhor não está subestimando seu papel em matéria de educação para a saúde? O senhor parece estar esquecendo de nossas responsabilidades em matéria de prevenção de acidentes de trânsito. E o senhor tem certeza mesmo de que esse livro que está usando para ensinar seus alunos a ler faz parte do programa?". A gente acaba explodindo! E se pergunta, nos momentos de cólera, se o objetivo daqueles que têm a incumbência de administrar nossa instituição não é, antes de tudo, o de nos impedir de ensinar!

Sem dúvida, os responsáveis pela máquina-escola não têm a medida exata desse fenômeno. Às vezes, a gente chega até mesmo a se perguntar se eles não sonham com uma instituição sem professor: uma espécie de *self-service*

28 Philippe Meirieu

em que os alunos estariam a cargo, alternadamente, de computadores e de interventores externos, com avaliação em tempo real das competências adquiridas e redistribuição imediata em "grupos provisórios e adaptados". Os diretores de escola poderiam assim, a partir de um diagnóstico inicial dos alunos, se aproximar o máximo possível da eficácia imediata, identificar melhor os refratários e pôr em prática as medidas necessárias... sem ter de se incomodar com o estado de espírito dos professores que ainda sonham em passear de vez em quando à beira do Ilissos!

Da minha parte, não tenho a menor simpatia por esse devaneio tecnocrático que lembra os cenários mais sombrios da ficção científica. Continuo sendo professor, acima de tudo, e, como você, só me sinto verdadeiramente feliz quando me aproximo um pouco de minha fonte interior, quando saio de uma aula com a sensação de que "as coisas funcionaram".

Sei muito bem que, ao confessar isso, assumo o duplo risco da ingenuidade e da provocação. Ingenuidade em relação aos espíritos fortes das ciências ditas humanas que podem enquadrar-me para sempre no campo dos ultrapassados: "Olhem como o Meirieu se perde no inexprimível... Um pouco mais e ele nos levará a uma crise de misticismo!". Provocação aos olhos dos defensores dos "saberes disciplinares" que vêem em mim um demolidor da cultura: "Depois de todos os discursos que ele fez sobre o projeto de estabelecimento e a pedagogia diferenciada, como acreditar nessa mixórdia indecente?" E, no entanto, diante de um jovem professor, eu reafirmo com veemência: não se construirá uma "escola onde todos obtenham êxito", como nos pedem os políticos, contra aquilo que move todo professor em seu projeto mais íntimo. Não se construirá, tampouco, sem os professores em seu conjunto. Impondo-lhes de fora uma série de obrigações desconectadas de suas preocupações fundamentais e que eles experimentam freqüentemente como obstáculos à sua missão.

> Continuar sendo professor acima de tudo... até o nível mais alto da hierarquia.

É por isso que defendo a idéia iconoclasta segundo a qual toda pessoa que assume responsabilidades administrativas ou pedagógicas deveria manter um contato regular com os alunos: que o diretor da escola continue lecionando algumas horas por semana em sua disciplina de origem, assim como o inspetor e mesmo o inspetor geral. Que os funcionários da administração central do ministério assim como os reitores e seus colaboradores continuem a assumir cargas de ensino escolar ou universitário.

Para que ninguém esqueça jamais de onde emana e onde se pode regenerar permanentemente o projeto de ensinar.

Notas

1. Trata-se, obviamente, da célebre lenda do tocador de flauta de Hamelin, conto medieval retomado pelos irmãos Grimm, mas também por Victor Hugo, por Baudelaire e por Camus. Encontramos belos livros ilustrados para crianças com essa lenda, entre eles *Le joueur de flûte d'Hamelin,* Paris, Seuil productions, 2003.

2. Sessenta e seis por cento dos professores de 5ª a 8ª séries e de ensino médio reconhecem que sua escolha profissional foi ditada muito cedo pelo encontro com um dos professores ao longo de sua escolaridade, contra apenas 29% que declaram a influência de seus pais (*Évaluation et statistiques,* "Portrait des enseignants de collèges et lycées", ministère de l'Éducation nationale, Paris, avril 2005). Não dispomos de números sobre os professores das primeiras séries, mas podemos sugerir a hipótese de que os resultados, ainda que um pouco inferiores, dariam uma importância ainda maior ao encontro com um "modelo" na escolha do ofício.

3. Se a questão lhe interessar, leia *Les enfants sauvages,* de Lucien Malson (Paris, 10/18, 1964), onde encontrará a história das principais "crianças selvagens" encontradas no planeta. Com uma bela reflexão sobre a "condição humana".

4. Albert Camus, *Le premier Homme,* Paris, Gallimard, 1994, p. 56.

5. Oitenta e sete por cento dos professores de 5ª a 8ª séries se descrevem como tendo sido bons alunos em sua disciplina (*Évaluation et statistiques,* "Portrait des enseignants de collèges et lycées", ministère de l'Éducation nationale, Paris, avril 2005). Mas não se preocupe se você não faz parte dessa imensa maioria. A pesquisa não diz que apenas esses "antigos bons alunos" dão excelentes professores!

6. Tradução de Émile Chambry, Paris, Garnier-Flammarion, 1992, p. 116, 119 e 135.

7. *Le domestique et l'affranchi, Essai sur la tutelle scolaire,* Paris, Éditons ouvrières, 1977, p. 167-180. Se você tem algum interesse pela história e pela filosofia da educação, não pode deixar de ler as obras de Daniel Hameline. Ele foi e continua sendo um mestre para mim, no sentido mais forte do termo. Depois de se dedicar, nos anos de 1960, a uma experiência de "pedagogia não-diretiva" (ao contrário do que se afirma, não eram muitos os que exploravam essa via: algumas dezenas quando muito.), soube analisá-la com grande lucidez (*La liberté d'apprendre – situation 2,* em colaboração com Marie-Joëlle Dardelin, Paris, Éditons ouvrières, 1977). Desde então, ele procura encontrar "uma palavra justa" sobre as questões de educação, longe dos delírios tecnológicos e de panfletos da moda. Seu livro *Les objectifs pédagogiques en formation initiale et continue* (Paris, ESF éditeur, 14ª edição, 2005) é, ao mesmo tempo, um instrumento de formação e um texto de reflexão sobre os desafios do pensamento pedagógico... e, além de tudo, com uma boa dose de humor!

3

Nosso projeto de transmitir não combina com as pressões sociais sobre a Escola

Já faz alguns anos que se fala da "necessária profissionalização do corpo docente". Compreendo bem que seus predecessores tenham irritado-se com a formulação: como se os professores do século anterior ou dos anos de 1950-60 não tivessem sido profissionais!

E, no entanto, eu mesmo empreguei esse termo e participei desse movimento. Deliberadamente e sem reservas. Não porque eu pretendesse abolir o sobressalto constitutivo do acontecimento pedagógico, mas justamente porque eu não me resignava a que ele tocasse a apenas alguns eleitos. Na época, eu era um jovem professor apaixonado por meu ofício e que se recusava a circunscrever seu alcance à cooperação com aqueles e aquelas por quem sentia uma afinidade espontânea. Eu desconfiava do caráter seletivo de minhas inclinações e, embora acalentasse secretamente – como todo mundo – o sonho de ter alguns discípulos em torno de mim, sentia-me no dever de não deixar ninguém à beira do caminho. Portanto, era preciso institucionalizar o acontecimento pedagógico, sem que ele perdesse com isso seu caráter extraordinário, torná-lo acessível a todos sem banalizá-lo. Aposta extravagante no plano teórico, mas que – continuo acreditando nisso – foi de uma grande fecundidade: foi graças a ela que nós inventamos – ou melhor, reinventamos! – as grandes "novidades pedagógicas" dos anos de 1980-90: o "trabalho autônomo" em pequenos grupos, a "pedagogia diferenciada", a "pedagogia de projeto" e muitas outras coisas ainda.

> Quando a instituição quer democratizar o acontecimento pedagógico...

Na época, eu era um militante pedagógico e político nutrido de cristianismo social e de socialismo libertário. Tinha estudado um pouco a história da

32   Philippe Meirieu

pedagogia e observado que, de Pestalozzi a Makarenko, de Maria Montessori a Fernand Oury, são sempre aqueles que se incumbem dos ineducáveis que inventam os dispositivos pedagógicos mais originais e mais promissores, a serviço dessa transmissão de saberes que procuramos "democratizar".[1] Eu tinha lido a *Lettre à une maîtresse d'école*, em que as crianças de Barbiana* manifestavam sua cólera por terem sido colocadas à parte sob o pretexto de que não eram suficientemente dotadas ou motivadas:

> Um torneiro não pode trabalhar apressadamente e só entregar as peças que ficaram boas. Senão, ele não se empenharia mais para que todas ficassem boas. Você, ao contrário, sabe que pode descartar as peças ao seu bel prazer. É por isso que você se contenta em contemplar o desempenho daqueles que se saem bem por razões que nada têm a ver que seu ensino. [...] Se você tivesse de fazer com que todos os alunos se saíssem bem em todas as matérias, você ia ver como se levantaria à noite para imaginar novos métodos.[2]

Nas tardes de conselhos de classe, eu saía desanimado e mortificado por ver os esforços de um ano inteiro aniquilados pelas decisões de uma mecânica institucional implacável. Então, mergulhava novamente nos clássicos da pedagogia genebrina e sonhava com essa "escola sob medida" pregada por Claparède, e que permitiria a toda criança, enfim, "construir seu próprio saber",[3] segundo o princípio de Piaget.

Não há nada de muito brilhante – é preciso admitir – nessa ideologia tão eclética. Mas também não há nada de vergonhoso. E, apesar da nossa ingenuidade na época, assumo plenamente, havia uma verdadeira generosidade em nosso desígnio: a vontade de não confinar o encontro com os saberes em compartimentos estanques reservados às elites. A esperança de favorecer um contágio do acontecimento pedagógico e de subverter todas as fatalidades psicológicas e sociais, familiares e econômicas. O desejo de escapar a essas cumplicidades culturais que os sociólogos nos descreviam como "violências simbólicas" geradoras de exclusão. O projeto de tornar possível a emergência de uma verdadeira democracia "dando a todos os alunos os meios de compreender o mundo e de ocupar um lugar nele"... Sei muito bem que esses termos lhe parecem terrivelmente ultrapassados hoje. Eles perderam o lado subversivo que tinham então, e se tornaram, para você, um novo estereótipo institucional. É possível mesmo que você veja nisso simplesmente a fachada de uma política

> Um frenesi de reformas institucionais para acompanhar o acesso e o êxito de todos.

---

*N. de R. Escola de Barbiana: Escola de uma aldeia italiana, onde crianças e adolescentes ensinavam uns aos outros, porque ninguém mais queria ensiná-los.

escolar cujo sentido não percebe claramente, muito distante daquilo a que aspira de verdade.

Pois é justamente este o problema: quando um projeto educacional se engrena à demanda social e as reformas tomam impulso sem um horizonte político preciso. E foi o que aconteceu de fato. A escolaridade obrigatória foi elevada para 16 anos em 1959: uma verdadeira avalanche invade o ensino de 5ª a 8ª séries no início dos anos de 1960. É preciso organizar tudo isso, construir escolas, estabelecer setores escolares, elaborar dispositivos de orientação, recrutar professores, renovar os programas, assegurar a todos um lugar e a esperança de êxito. É a "explosão escolar", como escreverá Louis Cros:[4] o orçamento da Educação nacional cresce em proporções vertiginosas, e aquilo que dependia até então de uma "gestão de bom pai de família" torna-se uma imensa "fábrica de gás" difícil de comandar. O centro da atividade escolar foi deslocado: da alquimia misteriosa do face a face pedagógico, passou às mãos de controladores técnicos que tratam, sobretudo – e quase que exclusivamente –, de questões de logística.

Com certeza, ninguém avaliou verdadeiramente o que se passava naquele momento. E nós acompanhamos o movimento por meio de um frenesi reformador: estabelecimento do colégio único em 1975, renovação dos colégios e liceus em 1981, lei de orientação instaurando ciclos na escola primária em 1989 e, de passagem, criação de uma infinidade de cursos e classes especializadas, introdução de delegados dos pais e dos alunos nos conselhos de classe, implantação de projetos de escolas e de estabelecimentos, sem contar a infinidade de modificações de todo tipo que se sobrepõem permanentemente, entram em choque umas com as outras e fazem com que a instituição escolar vá perdendo pouco a pouco toda legibilidade. Há 50 anos, como um verdadeiro edifício barroco, nossa Escola, por iniciativa dos sucessivos ministros, não pára de acrescentar novas disposições, de modificar e de rebatizar continuamente novos dispositivos, de guarnecer a arquitetura inicial com regulamentos e instruções de todo tipo. Entre o ato pedagógico na sala de aula, na base, e o ministro, no cume da pirâmide, existem tantos conselhos e comissões que duvido que exista alguém capaz de contá-los! E nada indica que o movimento vá parar ou pelo menos desacelerar em breve...

De fato, na medida em que a democratização do acesso aos saberes se torna uma questão de Estado, na medida em que ela é conduzida ao mesmo tempo coletivamente, pela Nação, e, individualmente, por todos para seus próprios filhos, a Escola passa inevitavelmente às mãos de gestores. *E os gestores governam como se pudessem decidir, com toda legitimidade, onde, quando, como e para quem advirá o acontecimento pedagógico.*

> Uma escola que inventa uma infinidade de dispositivos e acaba perdendo de vista o face a face pedagógico.

34   Philippe Meirieu

É por isso que compreendo perfeitamente que você se irrite com os gestores. Mas é preciso muito perdoá-los: de um lado, porque há muito tempo eles não conhecem verdadeiramente um político capaz de apontar-lhes um rumo claro, de dar uma direção à Educação francesa que atenda à demanda social, mas que também seja capaz de lhe apresentar alguns princípios sólidos. De outro lado, porque a questão é terrivelmente complicada e porque, nas circunstâncias atuais, as soluções não preexistem aos problemas. Não é como nos problemas de matemática das primeiras séries e nos jogos televisivos em que aqueles que fazem as perguntas já sabem as respostas! Na realidade, e, em particular, quando é preciso organizar a escolarização das crianças para responder aos ideais da República e satisfazer as aspirações de cada um, as coisas são bem diferentes...

Veja, consideremos, por exemplo, algo que às vezes lhe causa mal-estar: *o projeto de escola ou de estabelecimento*. Quanto à forma, compartilho suas hesitações: há uma literatura bastante convencional, que geralmente compila balanços sem interesse e injunções genéricas e generosas, extratos de textos oficiais e lugares comuns educacionais. Eles declaram considerar "a especificidade dos públicos" e "visar ao ótimo desenvolvimento das aptidões de cada um" mediante "uma pedagogia mais adaptada". Às vezes, aventuram-se em registros mais precisos, fixando-se como objetivos a melhoria dos desempenhos em leitura, melhor acolhimento às famílias, o desenvolvimento da cultura científica e técnica ou a implementação de estudos dirigidos... Tudo isso raramente é debatido a fundo e acaba sendo votado nas instâncias estatutárias, com as habituais objeções sindicais sobre a falta de recursos e "o mascaramento pedagógico da penúria". A partir de então, esse texto passa a constituir "as tábuas da lei", e você acha que ele só é usado para obrigá-lo a fazer mil coisas sem qualquer relação com seu verdadeiro ofício... Você tem razão. Se o projeto de escola ou de estabelecimento é uma simples "máquina organizacional" que vem se somar ao seu trabalho cotidiano, ele não tem nenhum interesse. Pior ainda: se ele rege seu ensino nos menores detalhes, ele o expropria de suas legítimas prerrogativas e o afasta da própria fonte de sua atividade.

> Projeto de escola ou de estabelecimento: maquinário administrativo ou dinâmico ou serviço de aprendizagens?

Mas não há nada de fatal nisso. Um projeto pode ser, muito pelo contrário, um espaço para expressar sua liberdade e sua inventividade. Mas com a condição de que seja compreendido como uma oportunidade de reflexão e de confronto sobre o próprio cerne do ofício. Com a condição de admitir que nem os princípios nacionais impostos legitimamente pela instituição, nem o diagnóstico sobre as necessidades específicas e os recursos locais permitem saber o que é preciso pôr em prática para transmitir os saberes e acompanhar os alunos em suas aprendizagens. Pois é lá que a burocracia nos espreita: na ilusão de que as soluções estão contidas na análise dos problemas e das exigências, como a noz em sua casca. Não há nada pior para nos desmobilizar. Nada mais radical para nos fazer perder o gosto pelo ofício... ou nos dar a sensação de que, na realidade, temos dois ofícios: o de professor, perante nós mesmos e nossos alunos e, ao lado disso, o de organizador de atividades diversas, para responder às injunções de um projeto institucional que poderíamos muito bem dispensar!

É por isso que você precisa se apropriar do projeto de escola ou de estabelecimento para colocar no centro dele o acontecimento pedagógico. Sem jamais esquecer que se trata da transmissão, portanto, do encontro com a cultura dos homens. Sem se perder nos delírios organizacionais, mas adotando projetos que sustentam nosso desejo de ensinar e suscitam nos alunos a vontade de aprender... Como a escola de 1ª a 4ª séries que decide utilizar *Ilíada* e a *Odisséia* de Homero como textos de referência, calcando neles todas as aprendizagens, da leitura ao desenho, da geografia à geometria. Como a escola de 5ª a 8ª séries que faz da educação para o meio ambiente e para o desenvolvimento sustentado um vetor para engajar todos os alunos em aprendizagens exigentes, ligar entre si os conhecimentos das diferentes disciplinas, desenvolver a pesquisa documental, dialogar com os representantes municipais, organizar intercâmbios com os países do Sul. Como a escola de ensino médio que decide recuperar a cultura operária de uma mina já desaparecida, em que os alunos recolhem e transcrevem os testemunhos dos velhos, empreendem um verdadeiro trabalho de arqueologia industrial, fazem comparações internacionais, preparam uma exposição, etc. Evidentemente, seria uma ingenuidade pensar que todas as aprendizagens previstas sempre terão lugar no projeto, e que este totalizará o conjunto de nossas atividades de ensino. Mas isso não é grave. Na medida em que o projeto não é uma "coisa administrativa", mas um investimento comum em um objeto cultural, ele permite engrenar o desejo de aprender com a vontade de transmitir...

Resta dizer que os mais belos projetos do mundo não garantem *a progressão de todo aluno*, mas é justamente nessa questão que a administração escolar e os pais de alunos em seu conjunto são mais exigentes. São justamente os anos em que se experimenta, com mais ou menos êxito, uma infinidade de dispositivos nesse âmbito: pedagogia de apoio e de contrato, ajuda individualizada e programas personalizados, grupos de nível ou grupos de necessidades... Tentou-se tudo – ou quase tudo – para responder à angústia e à demanda social de educação.

> A ajuda aos alunos é uma maneira de se esquivar da transmissão ou de concretizá-la no cotidiano?

Sinto que isto também o deixa um pouco exasperado: inquieto por se tornar um repetidor submisso, por embarcar em sistemas complicados de avaliação e de soluções, por gastar seu tempo recuperando um e suprindo as

36 Philippe Meirieu

lacunas de outro... a ponto de não mais conseguir ensinar a ninguém aquilo que é realmente essencial! Imagino sua decepção: você adoraria arrastar uma classe inteira na aventura do conhecimento, mas o obrigam a dispersar-se em uma infinidade de tarefas de acompanhamento individual. A substituir o grande cenário do saber, com o qual sempre sonhou, por uma improvisação irrelevante, da qual se envergonha um pouco... Sei muito bem tudo o que separa o entusiasmo que se pode sentir ao dominar uma platéia e a satisfação medíocre que se pode obter ao distribuir um exercício aqui, um conselho ali e um documento acolá. Inúmeras vezes tive a sensação de deixar a sala de aula sem ter cumprido verdadeiramente meu contrato: sem ter visto os alunos com os olhos pregados nos meus lábios durante uma hora ou entregues a uma tarefa coletiva na qual eu tivesse conseguido envolvê-los. Também sentia medo quando um colega passava no corredor e, em vez de um belo conjunto de sujeitos dóceis me ouvindo, cada um no seu lugar, ele via pela janela alguns alunos sentados e outros de pé, trabalhando em pequenos grupos, enquanto eu me ocupava de alguns mais atrasados: era para isso que me pagavam?

É que nós acabamos confundindo o acontecimento pedagógico com suas representações institucionais mais prestigiadas aos nossos olhos: a do professor universitário que faz sua pregação do alto de sua cátedra, do advogado que argumenta na barra do tribunal ou do deputado que discursa para os seus colegas na tribuna da Assembléia. Se não nos aproximamos um pouco desses modelos, somos condenados. Convenceram-nos de que a transmissão era antes de tudo uma questão de *mise-en-scène*. De que o saber ou era espetacular ou não existia. A tal ponto que acabamos nos esquecendo de que o ritual, seja na Escola ou no teatro, estava a serviço do colóquio íntimo de cada um. Que o que se operava na palavra não devia ser grandiloqüente, mas ajustado. Tinha de corresponder a um momento dado, a uma questão ou a uma expectativa, a um problema ou a uma inquietação, e se enovelar no interior do espírito para fazê-lo progredir.

Isso não significa, evidentemente, que se deva renunciar à magistralidade: contar um conto ou uma história, descrever uma experiência científica, comentar um texto literário, expor racionalmente os dados de um problema, todas essas coisas ainda são componentes fundamentais do ofício de professor. Desde que com isso se possibilite a todos os alunos avançarem... Mas o acompanhamento do aluno, o trabalho individualizado, lado a lado com ele, é também absolutamente necessário. Pois é nele que experimentamos, talvez mais do que em qualquer parte, esse corpo a corpo com os saberes que nos coloca mais próximos do acontecimento pedagógico. Em suas tentativas e em seus bloqueios, em suas hesitações e em seus erros, o aluno, de fato, nos substitui no centro dos

> Abandonar nossa fascinação pelo espetacular e trabalhar o mais próximo possível do aluno e dos saberes.

conhecimentos. Ele põe à prova sua coerência pelas perguntas que nos dirige. Ele questiona nosso discurso colocando o nível de exigência profissional no seu patamar mais elevado: o da troca entre duas inteligências.

De fato, quem for capaz de suportar a besteira de uma criança em leitura ou em matemática, e questionar-se do ponto de vista da inteligência que isso revela, consegue compreender seus próprios saberes melhor do que seria possível no retiro de seu gabinete ou na exibição em um anfiteatro. E precisamos aprender a usufruir essa satisfação. Ver nisso uma maneira de realizar plenamente nosso projeto profissional. Considerá-la como um verdadeiro êxito, muito próximo, aliás, do êxito do cirurgião que consegue reanimar um corpo combalido, do pesquisador que, graças à paciência, junta dados aparentemente incoerentes, ou do escultor que toca na verdade da pedra ao mesmo tempo em que prova a verdade do gesto.

Por isso, seria um erro da sua parte boicotar os múltiplos dispositivos de acompanhamento dos alunos que os administradores da educação prepararam para nós. Apesar de sua aparência, não se trata de caprichos de tecnocratas para nos tirar o prazer de ensinar, e sim das peças de um quebra-cabeça que formam, de maneira ainda embrionária, mas promissora, um sistema escolar mais democrático.

É claro que nem tudo foi plenamente satisfatório na sucessão de reformas por que vem passando o sistema escolar há meio século, e eu compreendo seu ceticismo, ou mesmo sua resistência a todas essas inovações... Entretanto, massificamos o ensino médio possibilitando o acesso simultâneo, como era desejo das famílias, de todos os jovens, ou quase. Isso já é muito... Elevamos o nível geral de instrução. E, ainda que, naturalmente, o domínio das ferramentas de distinção social não seja idêntico nos colégios que, hoje, escolarizam 70% de uma faixa etária comparado ao que era na época em que os colégios acolhiam dela apenas 10%, isso não é pouca coisa...[5] Aprendemos a trabalhar em equipe, a montar projetos, a colaborar com parceiros do mundo artístico ou empresarial. É um progresso sagrado para uma instituição que tende a se recolher na autarquia e na suficiência...

> Por uma organização escolar recentrada no projeto de ensinar e no ato de aprender...

Mas nosso maior erro – o meu, sem dúvida, e o de meus parceiros – foi não ter situado devidamente o ato de transmissão no centro de nossos esforços. Conseqüências: hoje nossas reuniões se perdem em questões organizacionais e quase não se discutem os saberes propriamente ditos e os métodos para ensiná-los. Nossos dispositivos institucionais de ajuda aos alunos se justapõem como excrescências às nossas aulas habituais em vez de nos ajudar a repensá-los. A participação dos alunos e de seus delegados na "vida escolar" tem o cuidado de manter à parte a organização do trabalho na sala de aula e em casa, justamente o que seria preciso conversar com eles.

38   Philippe Meirieu

Em suma, organizamos a pedagogia quando deveríamos "pedagogizar a organização". Fizemos demais lateralmente, quando seria preciso fazer no centro. Não tínhamos uma compreensão suficiente de que só se podia trabalhar "para os alunos" com os professores...

Porém, a Escola também pode aprender... sobretudo com seus professores.

Notas

1. Nada é mais atual que a experiência de Pestalozzi, em 1799, confrontado com os órfãos de Stans (a primeira ZEP!) [N. de T. Zone d'éducation prioritaire, em que a ação educativa é reforçada para combater o fracasso escolar], ou as interrogações de Makarenko, em 1918, sobre a maneira de punir sem excluir. Nada é mais importante que captar, com Maria Montessori, o que é "o espírito absorvente" da criança, ou compreender, com Fernand Oury, o caráter estruturante da lei na sala de aula. Com o risco de parecer advogar em causa própria, não posso deixar de incitá-lo a ler os pedagogos! Você encontrará uma primeira apresentação do trabalho de alguns deles na obra coordenada por Jean Houssaye, *Quinze pédagogues: leur influence aujourd'hui* (Paris, Armand Colin, 1994) e nos fascículos que acompanham os programas que realizei para a France 5, editados pela PEMF (Mouans-Sartoux, 2001: *L'éducation en questions*).

2. As crianças de Barbiana, *Lettre à une maîtresse d'école*, Paris, Mercure de France, 1968, p. 167. Infelizmente, esse livro está esgotado. Se você encontrar um exemplar em um sebo, avance sobre ele! É uma pequena jóia, com seus excessos e suas precipitações, muito marcado por sua época... Mas não se sai ileso dele!

3. Édouard Claparède, *L'École sur mesure*, Lausanne et Genève, Payot, 1920. Atualmente, já não se lê muito os autores dessa "escola genebrina", como Claparède, Ferrière, Bovet, Dattrens. Isso é um erro. Em primeiro lugar, porque assim nos privamos de compreender como nasceu a "Educação Nova" (que hoje tem mais de um século!). E, em segundo lugar, porque essa leitura permite ir às origens de nossos desafios educativos atuais. Assim, por exemplo, depois de eu mesmo ter ficado fascinado com a idéia de uma "escola sob medida", construída a partir do diagnóstico prévio das "aptidões dos estudantes", como sugere Claparède, mostrei a que ponto essa idéia engenhosa constituía um impasse: impasse pedagógico, pois o método para fazer com que um aluno progrida nunca se encontra apenas na análise de suas dificuldades; impasse ideológico, pois essa referência às aptidões bloqueia a inventividade e justifica todos os sistemas de seleção, inclusive os mais arbitrários; impasse político, pois a "escola sob medida" não estaria muito distante, no fim das contas, do sistema educativo que nos apresentam os romances mais tenebrosos de ficção científica, como *Admirável mundo novo*, de Huxley, ou *1984*, de Orwell. Os debates sobre a "pedagogia diferenciada" e o binômio "avaliação/solução", que agitam o meio educativo hoje, seriam particularmente esclarecidos por retorno à nossa história.

4. *L'explosion scolaire*, Paris, Publication du Centre International d'Information Pédagogique, 1961. Louis Cros faz parte de uma espécie quase extinta hoje: inspetor geral e "alto funcionário do Estado", ele foi também um ardente defensor da Educação Nova e um militante pedagógico muito ativo. No nível mais elevado de responsabilidade institucional, ele continuará próximo dos homens

Carta a um jovem professor **39**

e mulheres da prática, jamais renegando seus princípios e recusando qualquer oportunismo.

5. Paradoxo aparente: o nível geral não pára de subir e, ao mesmo tempo, o nível que os professores constatam em suas classes não pára de baixar! No entanto, trata-se de uma evidência aritmética indiscutível! Para nos convencer disso, tomemos um exemplo arbitrário entre outros. Em 1960, menos de 10% dos jovens, na faixa etária de 15-16 anos, cursam o 1º ano do ensino médio. Na maioria, são jovens oriundos das classes médias e superiores. Bem cuidados, bem dirigidos, esses alunos têm um bom nível de ortografia, sabem redigir um texto corretamente e obtêm uma média de 12/20 em dissertação de francês... Quarenta e cinco anos mais tarde, mais de 70% da mesma faixa etária cursa o 1º ano do ensino médio: oriundos de meios sociais e culturais bem mais diversificados, sem dúvida com um acompanhamento mais desigual por suas famílias e estimulados menos sistematicamente por seus ambientes, eles obtêm apenas uma média de 8/20 na mesma dissertação... Será que o nível dos jovens franceses realmente baixou? Façamos um cálculo simples. Em 1960, um aluno de 1º ano do ensino médio tem, em média, 12/20 em sua dissertação; vamos dar aos outros uma nota compensatória, pelo papel e pelo tempo passado, de 2/20: a média da faixa etária é de 3/20. Hoje, usando os mesmos cálculos, a média da mesma faixa etária para o mesmo exercício é de 6,2/20; ela mais do que dobrou! É uma alta espetacular do nível geral, enquanto que o professor do 1º ano do ensino médio vê os resultados de sua classe baixarem 4 pontos! Ao mesmo tempo, o número de alunos que tiram 12 ou mais aumentou, mas esses alunos são proporcionalmente menos numerosos do que antes! Resta evidentemente a única verdadeira questão: como fazer para que o acesso aos estudos seja acompanhado de uma elevação correspondente do nível dos alunos que têm acesso a ele? Como transformar "a democratização do acesso" em "democratização do êxito"? Trata-se, evidentemente, de uma questão de pedagogia. E é disso que estamos falando.

4

Queremos ser eficazes, mas não em quaisquer condições

Ninguém em sã consciência poderia afirmar que a instituição escolar deve renunciar totalmente à eficácia. Nem o Estado e o conjunto da sociedade civil, nem os contribuintes e, com mais forte razão, os pais de alunos, nem os diretores de escola. Nem mesmo os professores que somos.

Aliás, no dia-a-dia, todos nós estamos sempre em busca da eficácia. E aquilo que chamamos de "didática" não é outra coisa senão a investigação pela qual tentamos compreender "como as coisas funcionam" na cabeça de um aluno para que ele faça o melhor aproveitamento dos conteúdos do programa.[1] Eu mesmo trabalhei muito nessa perspectiva: fiquei muito impressionado, logo de início, pelo caráter estéril de nossas exigências habituais – "Mas então faça um esforço para entender!" – e pela inutilidade da mera convocação a uma atividade que supostamente resolveria todos os problemas: "Faça o seu exercício e você vai entender!". Assim, debruçando-me sobre os trabalhos dos pedagogos e dos psicólogos, comecei aos poucos a me perguntar: "O que exatamente eu devo mandar meus alunos fazerem hoje? Sobre que materiais trabalhar e com que orientações, para que todos eles tenham acesso aos conhecimentos que desejo transmitir-lhes?". Uma inversão aparentemente anódina, porém, essencial. A pergunta não é mais: "O que é que eu vou dizer a eles?", mas "O que é que eu vou pedir para eles fazerem?". Obviamente, sem renunciar ao curso magistral quando for necessário, mas também nesse caso se indagando: "Como é que os meus alunos podem tirar o melhor proveito disso? Quais os conselhos para que se mantenham atentos? Quais os exercícios para verificar permanentemente sua compreensão?".

> Ensinar é organizar situações de aprendizagem eficazes.

42   Philippe Meirieu

Fazer agir para aprender.

E, de fato, esse método, sempre que conseguia pô-lo em prática, me parecia extremamente fecundo... Eu me lembro ainda, por exemplo, da aula para um 1º ano do ensino médio em que eu pretendia ensinar aos meus alunos o que era o romantismo; distribuí para todos eles um "objeto" romântico: um poema de Lamartine, um texto em prosa de Chateaubriand, um trecho de *Ruy Blas* ou de *Lorenzaccio*, mas também um quadro de Delacroix ou uma sinfonia de Mahler. Meu objetivo: fazê-los descobrir, confrontando esses materiais, o que eles tinham em comum. Isso foi antecedido, naturalmente, de um apanhado histórico e de um trabalho preciso e rigoroso sobre o prefácio de *Hernani* de Victor Hugo. Por trás desse dispositivo, havia um princípio simples: para ajudar os alunos a construir um conceito, é preciso também criar as condições para que eles próprios encontrem as características a partir da comparação de vários exemplos... E é possível trabalhar assim em todas as disciplinas. Deve-se começar sempre com a pergunta: "Que ação o aluno deve realizar sobre tal objeto para chegar a tal conhecimento?" – e tudo se encadeia. Quer se trate de construir um gráfico, de resumir um texto, de resolver um problema de aritmética, de problematizar uma questão de economia ou de fabricar uma peça.

Assim, os alunos podem investir sua inteligência em uma atividade que foi concebida para eles: *acessível mas difícil*, difícil mas acessível. Uma atividade suscetível de ajudá-los a aproveitar melhor os saberes que já dominam... mas para ter acesso a novos conhecimentos. De resto, não há nada de muito complicado nesse processo: apenas um esforço permanente para que o ato de aprender seja uma verdadeira "operação mental" – e não a aquisição de um reflexo condicionado – sustentada – "escorada", como costumamos dizer – pela disponibilização aos alunos de bons materiais e boas instruções. Não há nada de muito complicado, mas é necessário um grande rigor na escolha de materiais (objetos a manipular, ferramentas a utilizar, recursos documentais a consultar), assim como uma extrema precisão no enunciado das instruções. De modo que ao "trabalhar sobre", o aluno consiga efetivamente "aprender a".

Ao contrário do que você poderia imaginar, não há nada de realmente novo nessas proposições. De fato, o próprio Jules Ferry já afirmava em um discurso pronunciado em 2 de abril de 1880:

A "Educação Nova" e "o aluno ator de suas aprendizagens": uma velha história!

Os métodos novos que tanto se desenvolveram tendem a se expandir e a triunfar: esses métodos consistem não mais em ditar a regra à criança como um decreto, mas em lhe permitir descobri-la. Eles se propõem antes de tudo a estimular e a despertar a espontaneidade da criança, para controlar e dirigir seu desenvolvimento normal, em vez de aprisioná-la em regras prontas que ela não consegue compreender.

Aliás, ele encontrou adeptos bem além do ensino fundamental, pois, 10 anos mais tarde, no dia 13 de setembro de 1890, encontramos no *Bulletin administratif du ministère de l'instruction publique* uma circular na qual a inspeção-geral considera que o objetivo do ensino médio é "habituar os alunos a encontrar por si mesmos as informações nos documentos". E em outubro de 1952, Charles Brunold, físico, diretor de ensino de 5ª a 8ª séries, confirma essa orientação afirmando: *"Não se trata mais de oferecer aos alunos um levantamento de conhecimentos, mas de mostrar os caminhos pelos quais o espírito chegou a essas aquisições".*

No entanto eu sei que, na realidade, você conhece bem essa conduta. Você a encontrou inúmeras vezes sob denominações diversas: seqüência de aprendizagem, situação-problema, problema aberto, auto-socioconstrução de saberes. Aliás, você não aprecia muito esse jargão que lhe parece muito distante de seu projeto profissional: "Por que eles vêm me atazanar com essas técnicas sofisticadas quando estou querendo simplesmente fazer com que compartilhem minha paixão por Hugo ou meu interesse pela lei de Joule?". E nisso, acho que você está errado... Ninguém está lhe pedindo para abandonar a literatura ou a física, mas sim para encarar os conhecimentos que deseja transmitir questionando-os sob o ângulo de sua gênese... perguntando-se, concretamente, sobre a maneira como seus alunos poderiam apropriar-se deles. Curiosamente, você os vê surgir então, quando menos espera, com dimensões novas que ainda não tinha percebido.

Não acredite, portanto, naqueles que afirmam que esse trabalho pedagógico é sempre e sistematicamente extenuante. Que se trata de uma improvisação degradante que reduz nossos conhecimentos mais elaborados a uma tecnologia-padrão. Imagine o contrário: você tem de ensinar um ponto de programa que, evidentemente, você domina em termos de conteúdos, mas que procura transmitir da maneira mais estimulante e eficaz possível aos seus alunos. Você se volta então para os documentos e os materiais de que dispõe. Vasculha sua biblioteca, disseca os manuais escolares em circulação, procura na internet novas pistas, interlocutores que possam enriquecer sua abordagem. Concebe experiências e exercícios possíveis, interroga seus colegas para saber como eles fizeram isso. Em suma, torna-se um verdadeiro pesquisador: empenha-se na elaboração de uma seqüência de aprendizagem que o levará a rever e, portanto, a redescobrir seus próprios conhecimentos. Nesse aspecto, não existem apenas professores do

> Construir uma situação de aprendizagem é questionar seus próprios saberes.

44   Philippe Meirieu

ensino superior que são "professores-pesquisadores": todo professor do ensino fundamental pode ser – deve ser – um pesquisador sobre seu próprio ensino. Alguém que questiona permanentemente os saberes que ensina. Alguém que escapa, ao mesmo tempo, à preguiça expositiva e ao enquistamento repetitivo. Formar-se, em formação inicial e continuada, não significa outra coisa: pesquisar, construir, analisar, confrontar, com colegas e com especialistas, situações de aprendizagem.

Mas sinto que você ainda resiste: não é apenas o jargão que o deixa irritado: há algo de mais profundo que o perturba nesse "ardor pedagógico".[2] Você suspeita de uma armadilha. E tem razão. Pois existe mesmo uma perigosa ilusão na busca obstinada de racionalização das aprendizagens. Como um desejo de domínio absoluto. Uma vontade de se apoderar do espírito do outro e de dirigi-lo em tempo real. Uma forma de dominação tecnocrática que lembra um pouco as terríveis fantasias do doutor Frankstein.

Os perigos da eficácia didática a qualquer preço.

De fato, a didática, onipotente e plenamente eficaz, revoga o acontecimento pedagógico em proveito do condicionamento. Suprime qualquer possibilidade de encontro autêntico entre duas pessoas vivas e implanta na sala de aula um maquinário escolar que, no fim das contas, poderia inclusive tornar o professor dispensável. E, ainda que, de minha parte, eu considere remoto esse perigo e um pouco exageradas essas perspectivas alarmistas, partilho sua inquietação: quando se trata de educar nossas crianças, não se pode correr o risco de cair no adestramento... Tanto quanto você, não sonho com uma classe na qual eu poderia controlar diretamente as atividades mentais de meus alunos, em telas de televisão, e chamá-los à ordem, em caso de desatenção, por uma descarga elétrica. Não quero a eficácia a qualquer preço. Não se ela me impuser renunciar aos valores que coloco no cerne do ato educacional.

Eis porque, como você, não aceito que minha atividade de professor seja submetida à obrigação de resultados, do mesmo modo que a de uma empresa... Aliás, de que resultados se trata? A eficácia só se mede em relação às finalidades. E não podemos reduzir nosso trabalho educacional à mera busca de efeitos que podemos medir com as ferramentas tradicionais da avaliação escolar.

As ambigüidades da "obrigação de resultados".

Examinemos justamente as últimas estatísticas da pesquisa internacional da OCDE (Organização para a Cooperação e Desenvolvimento Econômico) sobre os desempenhos de alunos de 15 anos.[3] Três países aparecem à frente: Finlândia, Japão e Coréia do Sul. Com resultados mais ou menos comparáveis. Mas não podemos nos ater a isso: é preciso ver de perto como eles são obtidos. Na Finlândia, os alunos são escolarizados em

Carta a um jovem professor **45**

classes heterogêneas até os 16 anos. Eles não têm nenhuma nota cifrada, mas há avaliações qualitativas que lhe permitem orientar seus esforços; eles se beneficiam de percursos personalizados em função de suas necessidades e não têm lição de casa. Além disso, ocupam grande parte de seu tempo escolar em pesquisas documentais, sozinhos ou em pequenos grupos. Eles são sistematicamente encorajados a participar de companhias de teatro, de corais ou de atividades culturais de todo tipo. À tarde, as escolas ficam abertas e acolhem clubes de astronomia, de encadernação ou de informática, que reúnem alunos, pais, professores e moradores do bairro ou da região... No Japão ou na Coréia do Sul, ao contrário, após as quatro séries iniciais do ensino fundamental, bem parecido com o da França, os alunos são selecionados, aos 10 ou 12 anos, de maneira draconiana. Eles fazem um exame de ingresso na 5ª série e, uma vez aprovados, são submetidos a um ritmo escolar extremamente duro. Além disso, a maior parte deles, para passar, necessita de muitas aulas particulares. Logo abandonam qualquer atividade extra-escolar para viver apenas na obsessão de boas notas. As taxas de depressão e de tentativas de suicídio aumentam anualmente.

Evidentemente, a questão aqui não é demonizar os sistemas educacionais asiáticos e idealizar a Finlândia, cujas especificidades históricas e geográficas tornam difícil transpor o sistema para a França. Mas fica a pergunta: tratando-se de educação, será que podemos reduzir a avaliação de nossas escolas e de nossos estabelecimentos apenas aos indicadores habituais de êxito escolar? Oitenta por cento de alunos no nível do ensino médio... por que não? Mas, por que não, em um regime que se pretende formador para a cidadania democrática, 80% de alunos que foram delegados de classe – e, portanto, acompanhados e formados para isso – ao longo de sua escolaridade? Cem por cento de alunos com um nível de qualificação? Evidentemente! Mas, por que não, também, 100% de alunos que tiveram oportunidade de fazer uma pesquisa, de preparar um dossiê sobre um tema e de tomar a palavra

> Adotar indicadores de êxito em conformidade com nossos projetos.

durante uma hora diante de um grupo? Um aumento de 20% de alunos "que atingiram em língua viva estrangeira o nível B1 de referência para as línguas do Conselho da Europa"?[4] Quem poderia se opor a isso? Mas, por que não um aumento de 20% do número de alunos que mantêm uma correspondência em língua estrangeira? Ou um aumento de 20% de alunos envolvidos em um projeto artístico ou cultural? Ou ainda, um aumento de 20% da taxa de freqüência a bibliotecas e centros de documentação? Quem não vê que esses indicadores de êxito poderiam ser multiplicados ao infinito? Quem não vê que, aqui, nenhuma escolha é inocente e que nenhuma delas remete, ao mesmo tempo, a um projeto de homem e de sociedade... que ela promove práticas

46 Philippe Meirieu

pedagógicas específicas e se apóia em uma concepção implícita de nosso ofício? E que ninguém diga que os objetivos alternativos que propomos levariam a uma queda catastrófica do nível: os exercícios escolares e os exames tradicionais não têm o monopólio da exigência de rigor e de qualidade. A busca da verdade, o pensamento crítico, a referência à história e à cultura, o cuidado com a precisão e a perfeição podem perfeitamente estar no centro das práticas que conjugam acesso à autonomia e formação para a cidadania!

É por isso que, embora não possamos recusar que se avalie nosso trabalho – sob pena de sermos considerados irresponsáveis –, também não podemos aceitar que nos imponham os critérios de avaliação, terrivelmente redutores, que predominam hoje. Sem dúvida, os estatísticos fizeram alguns progressos, e agora ponderam as percentagens de êxito nos exames finais do ensino médio introduzindo o nível no ingresso, a política de seleção do estabelecimento e a origem sociocultural dos alunos: eles têm razão. Qualquer diretor de colégio – sabemos bem disso – pode obter bons resultados nos exames finais do ensino médio aceitando em seu estabelecimento apenas bons alunos já formatados para ter êxito no exame. Portanto, é preciso levar em conta aquilo que os italianos chamam de "taxa de mortalidade escolar" e mensurar o "valor agregado" pelo estabelecimento... Mas, mesmo assim, continuamos tributários de uma avaliação excessivamente formal, excessivamente tecnocrática, pouco relacionada ao conjunto de nossas missões.

Portanto, vamos deixar de lado, de uma vez por todas, os debates sem fim sobre o nível de nossos alunos: o nível está caindo ou está subindo? A questão, sem dúvida, é importante. Mas desde que abordemos simultaneamente uma outra: de que nível se está falando? Para mim, é impossível levar adiante esse conflito absurdo entre jornalistas e especialistas de todo tipo, enquanto não tivermos trabalhado seriamente na reconstrução completa de nossos critérios de êxito. Enquanto não aceitarmos que esses últimos não podem ser objeto de estatísticas sistemáticas e expressar-se em um balanço puramente quantitativo...

> Recusar a hegemonia das estatísticas e a redução de nossos objetivos ao que é mensurável.

É impossível também se contentar em sair por aí bradando que "a Escola não é uma empresa" se não trabalharmos, a partir de dentro, para mudar as práticas de avaliação a fim de nos livrarmos da mercadoria escolar que nos remete efetivamente ao sistema produtivo: enquanto a nota continuar sendo um salário por um trabalho realizado de forma mais ou menos voluntária e não se tornar uma indicação para se situar e progredir, a Escola inevitavelmente tenderá cada vez mais à economia de mercado.[5]

Enfim, é inútil estigmatizar os desvios liberais do sistema se não combatermos todas as formas de exclusão e de banimento, se não tratarmos de assegurar que todos, mesmo aqueles que não terão possibilidade de prosseguir seus estudos em cursos prestigiados, adquiram os fundamentos da cidadania. Uma "escola justa", como explica François Dubet, não pode acrescentar ao fracasso a humilhação.[6] Ela também não pode ter dúvidas quanto aos saberes sem os quais os mais carentes não terão qualquer chance de compreender um pouco sua própria situação...

Nosso horizonte profissional não é, portanto, o da rentabilidade econômica dos modelos liberais. Aliás, não devemos nem nos vangloriar disso, nem nos envergonhar. As coisas são como são. Ensinamos procurando dar o melhor de nós mesmos, dentro de dispositivos institucionais que nos foram propostos, pondo em prática procedimentos didáticos que tentamos elaborar da maneira menos ruim possível...

> É preciso obstinar-se em tornar possível que se saiba, mas não se pode deslanchar mecanicamente.

Porém, jamais devemos perder de vista que o acontecimento pedagógico não pode ser programado por ninguém. Podemos fazer de tudo para que ele ocorra, empenhar-nos para torná-lo plausível... Mas, felizmente, ele será sempre excepcional. Embora bastante previsível, ele não deixa de ser, quando ocorre, inimaginável.

É assim – e somente assim – que sua esperança pode continuar a nutrir o projeto de ensinar.

Notas

1. Sei muito bem que a palavra "didática" provoca em alguns de meus jovens colegas uma alergia particularmente forte. Eles vêem nisso uma teorização excessiva, tecnocrática e cheia de jargões do ato de ensinar. Uma maneira de obscurecer, ou mesmo escamotear, os conteúdos de conhecimento que os professores desejam transmitir. Gostaria de convencê-los de que existe uma didática que, ao contrário, permite tornar acessíveis e límpidos os conteúdos de saber a serem ensinados, sem que com isso eles percam seu sabor... Quem utilizou esse termo pela primeira vez, na acepção que lhe atribuímos hoje, foi Comenius, no século XVII. Protestante convicto, ele milita para que a Bíblia seja diretamente acessível a todos os homens e a todas as mulheres, em sua própria língua. É uma verdadeira evolução para uma época em que, na Igreja católica, os clérigos eram os únicos a ter acesso diretamente ao texto sagrado. Assim, em 1650, ele elabora uma obra extraordinária, *Orbis pictus*, na qual apresenta, de maneira sintética e ilustrada, o essencial dos conhecimentos disponíveis: uma verdadeira enciclopédia ao alcance de todos por antecipação! Ele continuará sua obra explorando e apresentando assim todos os campos do saber – incluídas as línguas – em uma "grande didática". Tornar acessíveis os conhecimentos humanos para reunir os homens será sua obsessão permanente... o oposto de qualquer complicação inútil!
2. Encontrei essa expressão em um pequeno e fabuloso romance de Jeanne Bénameur, *Les Demeurées* (Paris, Denoël-Folio, 2002, p. 37). Uma professora, Solange, se depara com a recusa a aprender de uma menininha, Luce, fechada,

48 Philippe Meirieu

recolhida em um mundo onde nenhum conhecimento consegue penetrar. Ela não desanima com isso: "Solange decidiu não ceder. Ela conduzirá essa criança no limiar do mundo pelas palavras" (página 40). O "ardor pedagógico" é uma coisa muito bonita! No entanto...

3. Trata-se da famosa pesquisado PISA (Programa Internacional de Avaliação de Alunos), que coloca a França na décima terceira posição.

4. Lei de orientação sobre o futuro da escola, março de 2005.

5. Não seria demais lhe recomendar que desconfie dessa tentação – que todos temos – de medir nossa autoridade, ou mesmo nossa competência, por nossa capacidade de dar notas baixas. A rigor, as notas baixas são antes de tudo a demonstração de nosso fracasso em mobilizar o aluno e a assegurar o seu êxito. Não deveríamos jamais nos resignar a isso e, menos ainda, nos regozijar com isso! A propósito, sugiro-lhe a leitura do livro de André Antibi, *La constante macabre ou comment a-t-on découragé des générations d'élèves*, Paris, Maths'adore, 2004.

6. *L'école des chances – Qu'est-ce qu'une école juste?*, Paris, Le Seuil, 200. Leia essa pequena obra particularmente estimulante e que, desta vez, situa as questões educacionais do ponto de vista dos "perdedores" do sistema.

5

No cerne do nosso ofício está a exigência

Sei que você não aprecia muito os debates bizantinos. Ou, mais exatamente, que você faz um uso moderado deles, limitado às conversas entre amigos e a algumas discussões convencionais na sala dos professores. Na prática, no dia-a-dia, você não se pergunta se é o aluno ou o saber que está "no

A absurda querela do "aluno no centro".

centro do sistema". Você ensina o melhor possível, isto é, esforçando-se em transmitir os saberes definidos pelos programas aos alunos tal como eles são. Nem por isso você perde as esperanças de tornar seus alunos melhores, mais atentos, mais rigorosos, mais empenhados em suas aprendizagens. E também não se impede algumas incursões do lado dos conhecimentos que não estão inscritos nos programas, desde que os considere suscetíveis de, justamente, atrair seus alunos para os programas.

Aliás, seria um grande erro da sua parte restringir-se a uma fórmula – "o aluno no centro do sistema" – que encontramos na lei de orientação de 1989, mas que já tinha sido enunciada nos anos de 1900 por Claparède, quando da fundação do Instituto Jean-Jacques Rousseau em Genebra.[1] Tratava-se, então, de lembrar que é o aluno que aprende, e apenas ele. E que, portanto, todos os esforços da Escola devem convergir para suas aprendizagens. Hoje, sem dúvida nenhuma, isso é uma obviedade. Mas provavelmente não o era tanto assim há um século, quando o modelo clerical predominava amplamente e alguns ainda julgavam que o saber era transmitido de modo sacramental, por imposição de atos e da palavra.

"O aluno no centro do sistema" é, portanto, um princípio de bom senso em uma sociedade laica e democrática que deseja transmitir a todas as suas crianças os fundamentos da cidadania. Princípio evocado em 1938 por Jean Zay, na época ministro francês da Educação Nacional da Frente Popular, que conclui

50 Philippe Meirieu

uma de suas principais circulares com a seguinte indagação: "Os esforços não deveriam convergir todos para o aluno, centro comum?". Quem, de fato, poderia afirmar o contrário?

Evidentemente, ainda há alguns ignorantes que imaginam que essa fórmula é uma reprodução de maio de 1968, que significa o abandono de qualquer exigência, instaura a adoração devota do aluno e a obediência a todos os seus caprichos.[2] Eles não observaram de perto o que se passou nos anos seguintes a 1968; não viram o refluxo de algumas iniciativas não-diretivas da época e não sabem nada da vida cotidiana das escolas de hoje. Esquecem, enfim, que sua geração – a dos professores que assumiram suas funções há poucos anos ou que vão assumi-las em breve – não vieram de maio de 1968 e não têm problemas a regrar com a autoridade. Você sabe que é preciso assumi-la. Você tem razão. Você pergunta simplesmente, e legitimamente: como?. Bruno Descroix, um professor de matemática de 33 anos, observa justamente a propósito da *Lettre à tous ceux qui aiment l'école*,[3] amplamente difundida por Luc Ferry, ministro da Educação Nacional em 2003:

> Maio de 1968, agora e sempre acusado!

> Quando se sabe do emprenho da maioria dos professores em transmitir um saber e das dificuldades que eles enfrentam nessa tarefa, denunciar as "miragens do culto à juventude" ou fazer da volta à "transmissão dos saberes" o ponto essencial das reformas futuras parecia algo ultrapassado, para não dizer mais: o sinal de que havia uma recusa de atacar o problema concreto do "como fazer?".[4]

Mas, para entrar no "como fazer?", é preciso antes de tudo livrar-se das falsas questões que nos perturbam. Dilemas que absorvem todas as nossas energias e paralisam nossa inventividade. É o caso, por exemplo, da oposição entre "a motivação" e "o trabalho". Luc Ferry enredou-se nela, embora como filósofo e ministro ele devesse ajudar-nos a superá-la. Assim, em uma obra que tenta fazer um balanço de sua passagem no Ministério, ele explica que devemos refundar "a pedagogia do trabalho" afirma que:

> É preciso estar motivado para trabalhar ou trabalhar para ficar motivado?

> o trabalho deve preceder a motivação, e não o inverso. Pois é lá que se encontra, a meu ver, a raiz das dificuldades pedagógicas com as quais se chocam todas as pedagogias modernistas hoje. [...] Ao contrário do que se diz sem de fato refletir a respeito, não é a motivação que funda o trabalho, mas o inverso. Uma disciplina só se torna interessante depois de ter sido árdua e longamente trabalhada.[5]

Deixemos de lado a ignorância da reflexão nesse âmbito de todos os grandes pensadores da "Escola moderna" e, em particular, de Célestin Freinet e de sua obra fundamental *L'Éducation du travail*.[6] Deixemos de lado as comparações rápidas entre a motivação e o jogo (segundo Luc Ferry, poderíamos motivar a criança pequena deixando-a jogar, mas, com isso, toparíamos "com uma parte irredutível da aprendizagem livresca" para a qual a motivação não contaria mais!)[7]... Deixemos de lado o esquematismo atribuído ao pedagogo que imaginaria ser capaz de obter da criança um trabalho escolar "sem a menor imposição"[8]... Nada disso é sério! Todo professor sabe que deve conjugar *ao mesmo tempo* a motivação e o trabalho, sem estabelecer uma prioridade entre eles, nem fazer de um dos elementos a condição do outro.

De fato, impomos ao aluno inúmeras atividades que ele não pediu e para as quais, aliás, não pode ser motivado por antecipação, na medida em que desconhece todas as satisfações que elas podem lhe proporcionar! Mas nem por isso podemos nos resignar a que ele trabalhe por mera submissão, servilismo ou por medo do castigo. Todo nosso esforço consiste em despertar a motivação no próprio movimento do trabalho: por isso propomos tarefas ao aluno. Tarefas sobre as quais supomos que ele possa investir sua energia, tarefas cujos contornos ele possa identificar e cujo resultado possa prever, pelo menos parcialmente. Sabemos bem que essas tarefas vão exigir um esforço de sua parte, mas associamos consubstancialmente esse esforço ao nosso próprio esforço para ajudá-lo a descobrir satisfações intelectuais inéditas, horizontes novos que estimularão sua curiosidade.

> Fazer emergir a motivação no trabalho...

Não se trata absolutamente – como os espíritos esquemáticos gostariam de nos fazer crer – de erradicar o princípio do prazer, substituindo-o à força pela dura lei do trabalho imposto: isso seria um fracasso na certa! Pois a criança ou o adolescente só renunciará ao seu prazer se encontrá-lo em outro lugar, em uma revolta estéril, na perseguição do outro ou em condutas dependentes! Nossa tarefa, ao contrário, é acompanhar a evolução de um sujeito a fim de que, progressivamente, ele encontre prazer em um trabalho assumido. Não se trata aqui de nenhum tipo de negociata, mas, ao contrário, de uma exigência recíproca que não precisa ser verbalizada. Uma promessa de uma pessoa que nutre o compromisso da outra e vice-versa. Em suma, nada mais que o acontecimento pedagógico que estamos buscando e do qual nos distanciamos irremediavelmente sempre que exigimos a obediência cega como pré-requisito para o exercício da inteligência, o adestramento como pré-requisito para a liberdade.

> ... e iniciar um verdadeiro trabalho quando se apóia na motivação.

E, inversamente, do mesmo modo que nos empenhamos em fazer emergir a motivação no trabalho, temos de estar muito dispostos a iniciar um ver-

52 Philippe Meirieu

dadeiro trabalho quando nos apoiamos na motivação... Quanto a isso, não sou daqueles que, como Natacha Polony,[9] desprezam os colegas que fazem seus alunos elaborarem "um dossiê sobre os rastafári". Confesso que eu mesmo jamais teria a idéia de fazer um trabalho desse tipo; mas, no fim das contas, se esse dossiê ajuda a compreender como um movimento musical pode tornar-se uma escapatória à delinqüência, que é o papel do contratempo na música, o papel histórico de Hailé Sélassié, a diferença entre uma religião e uma seita, o sentido dos ritos iniciáticos como o de marcar as roupas e o corpo... quem sabe não se poderia na seqüência direcionar os alunos à leitura de *L'homme qui rit* de Victor Hugo? E, se você não estiver convencido, leia a bela obra de Catherine Henry, *De Marivaux et du Loft*.[10] Você encontrará ali um professor de Letras que consegue arrancar seus alunos da fascinação da telerrealidade para levá-los a enfrentar um autor da literatura clássica. Sem a menor concessão. E, ao mesmo tempo, com muita delicadeza, respeitando a intimidade de cada um, e dando-lhes, graças a Marivaux, à inteligência dos processos de sedução naquilo que eles têm de mais universal. No final, é claro que alguns alunos continuarão assistindo o *Loft*, mas com um olhar bem diferente... e o conhecimento de Marivaux que possivelmente não os deixou totalmente imunes! Belo desafio lançado sem uma autorização excepcional do diretor da escola ou do inspetor. Belo trabalho para fazer emergir, sem qualquer renúncia e sem qualquer pureza, o acontecimento pedagógico.

É por isso que há algo de insuportável nessa denúncia sistemática e permanente da "demagogia pedagógica" por parte de intelectuais convencionais. Eles nos acusam de rebaixar os saberes, de sacrificar a ambição da Escola, de privar nossos alunos de conhecimentos e da cultura aos quais eles têm direito. Zombam de nossas tentativas, deploráveis a seu ver, de buscar apoio em seus centros de interesse, de mandá-los fazer painéis sobre os efeitos especiais no cinema ou exposições sobre Harry Potter... Queremos crer que, por trás dessas propostas, não se esconde nenhuma veleidade

> Não desprezar o que pode mobilizar os alunos...

de abandono: "Vamos ensinar a verdadeira cultura àqueles que a merecem e que são dignos dela... E expulsar os outros da escola o mais rápido possível! Para o ensino profissionalizante, por exemplo, já no final da 6ª ou da 7ª séries, para obter um diploma com 13 semanas de aula por ano!". Queremos crer que a crítica da "pedagogia cuscuz" não esconde uma verdadeira renúncia a ensinar. Porém, será que isso é tão seguro? Não haveria, na realidade, uma verdadeira aversão a qualquer forma de mediação, uma recusa de acompanhar as pessoas pegando-as onde elas se encontram, não para deixá-las ali, mas, ao contrário, para ajudá-las a avançar de maneira exigente?

Pois a questão está justamente na exigência: o dossiê sobre os rastafáris, o painel sobre os efeitos especiais ou a exposição sobre Harry Potter podem ser uma maneira de abandonar os alunos à mediocridade midiática e de excluí-los de toda verdadeira cultura... Isso acontece, sem dúvida, quando se permite a apresentação de um simulacro de pesquisa pessoal ou em grupo, quando se transforma a sala de aula em um local de exibição para alguns animadores eficazes, e se assiste ao espetáculo limitando-se a avaliá-lo, como cúmplice ou acusador. Mas não acontece quando se acompanha os alunos mais de perto e de maneira mais exigente, à espreita de questões que se colocam e de possíveis aberturas culturais, atento a esses pequenos detalhes de "forma" que é tão comum considerar como secundários... É preciso utilizar um vocabulário preciso e formar frases corretas. É preciso fazer um apanhado histórico para compreender bem. É preciso estruturar seu discurso, utilizar argumentos de peso e exemplos pertinentes para se fazer entender. É preciso, de fato, que a menor palavra, a menor expressão, o menor gesto sejam comandados por um imperativo absoluto de qualidade.

> ... desde que se atenha firmemente à exigência de qualidade.

Lembro de uma obra que teve seu momento de glória há alguns anos, *Traité du zen et de l'entretien des motocyclettes,* de Robert M. Pirsig.[11] Devo reconhecer que ela é um pouco datada e que hoje você pode achar engraçadas algumas de suas referências. É a história de um pai e seu filho que percorrem os Estados Unidos de moto. E, na essência, de sua busca impõe-se pouco a pouco aquilo que eles chamam de "a qualidade". A qualidade aqui não é de modo nenhum, justamente, "uma qualidade" suplementar, uma dimensão estranha à "natureza das coisas" que viria se somar às criações dos homens. A qualidade é a intencionalidade do ato levada à incandescência, quando o que se faz alcança uma tal perfeição que isso se impõe como uma evidência.

> Quaisquer que sejam nossos objetos de trabalho e qualquer que seja a disciplina ensinada, a busca do "gesto correto" deve estar sempre no centro de nossa ação.

A qualidade é o gesto exato, preciso, de onde se exclui quase tudo. O gesto em si que se basta a si mesmo. O movimento do bailarino, a frase do escritor, a pincelada do pintor, a manipulação do cientista, o cálculo do matemático, assim como o giro de parafuso do mecânico: "Ao contrário do que pensa a maioria das pessoas, a manutenção de motos é um exercício eminentemente racional. [...] O motor de uma moto obedece ponto por ponto às leis da razão; e um estudo da arte da manutenção das motos é um estudo da arte do raciocínio em miniatura".

Existe algo de fundamental para mim em um tal reconhecimento, algo que acabei transformando no vetor de nossas atividades profissionais: *qual-*

54 Philippe Meirieu

quer atividade humana, desde que seja trabalhada com uma exigência máxima, comporta toda a inteligência humana. Nenhum objeto de trabalho poderia merecer de antemão nosso desprezo. Qualquer objeto de trabalho é digno de elevar à "condição humana", como diz Montaigne, aquele que se entrega completamente a ela. Qualquer conhecimento, explorado em seus menores recônditos, exposto com todo o rigor possível e que vai até o fim naquilo que é possível compreender em um determinado momento da história dos homens, faz emergir "o homem". E isso – ao lado do irrisório e da insignificância, das aproximações e das gesticulações – é um acontecimento.

Devo confessar que levei muito tempo para compreender e formalizar isso. Acho que percebi pela primeira vez quando era professor de Letras e estava tentando fazer teatro com meus alunos. É que, nesse aspecto, o teatro é uma grande escola: o cenário, os ritos, a iluminação... tudo convida a abandonar a gesticulação que nos ocupa tanto na "vida" para tentar chegar à densidade do gesto. Levanta-se a mão. Faz-se um sinal. Todos os músculos se contraem e fazem mal. Qualquer intencionalidade passa em uma saudação. A qualidade da expressão não é um suplemento de alma, mas o próprio tema que se torna corpo e palavra... E, ainda hoje, sempre que participo ou assisto a um trabalho de expressão artística com alunos – de dança, teatro, música, caligrafia, pintura ou escultura – fico encantado com o trabalho extraordinário que se executa ali: a gesticulação midiática do Lunapark planetário é suspensa; eles se dedicam, ajustam o foco para se comunicar com os outros: pouco a pouco interiorizam a exigência até levá-la ao mais profundo de si e até – um dia, talvez – não precisarem mais ter um professor ao seu lado para encarná-las.

Depois voltei a encontrar essa mesma exigência trabalhando no ensino profissionalizante, com colegas "professores de ateliê" que conseguiam obter de meus alunos peças fabricadas com perfeição, enquanto que eu só recebia deles rabiscos infames. Compreendi essa exigência também ao ouvir os *Compagnons du Devoir* (Companheiros do Dever) dizendo que "a aprendizagem permite a um indivíduo imaturo e disperso transformar-se em homem maduro, concentrado e responsável" mediante a busca incansável do "gesto correto".[12] Vi essa exigência posta em prática em pequenos artesãos e em grandes pesquisadores. Em artistas e em operários. Pessoas que "se dedicavam" como crianças de pré-escola em seus primeiros desenhos, pondo a língua para fora e piscando os olhos... Descobri com eles que a qualidade não era um julgamento subjetivo, mas a própria emanação de coisas que conseguem exprimir, com um mínimo de recursos, as realidades mais universais. Não há diferença, nesse aspecto, entre uma metáfora poética e uma fórmula de física, entre o gesto experiente de um esportista de alto nível e a demonstração do filósofo, entre a regulagem minuciosa do mecânico e o trabalho de um aluno que dá tudo de si, em uma descrição, para encontrar a palavra certa.

Carta a um jovem professor **55**

E foi assim que cheguei, indiretamente e de certo modo a contragosto, ao nosso ofício de professor. Pois, independentemente de ensinarmos francês ou tecnologia, culinária ou física, contabilidade ou biologia, eletricidade ou letras clássicas, somos antes de tudo portadores dessa exigência de qualidade sem a qual nenhuma de nossas disciplinas e nenhum saber humano jamais se constituiriam.

Acabou-se então a pretensa hierarquia das disciplinas escolares. De fato, tanto quanto uma sociedade é livre para determinar as matérias às quais ela atribui maior importância para o êxito e a integração sociais, é injustificável distinguir essas matérias em relação à inteligência dos homens e à maneira como elas podem engrandecer cada um deles... E ainda que minha idade, minha formação, meu ambiente intelectual induzam-me a resistir com todas as minhas forças a essa idéia, creio que hoje é absoluta-

> Dar um basta às hierarquias arbitrárias entre as disciplinas do ensino.

mente necessário lutar ativamente em favor da igual dignidade da cultura científica e técnica em face das tradicionais humanidades. Gostaria que os professores das disciplinas profissionais tivessem o mesmo reconhecimento que os das prestigiadas disciplinas gerais, como verdadeiros intelectuais que eles são. Gostaria que se parasse de ignorar um terço dos estudantes que concluem o ensino profissionalizante e que eles tivessem acesso, assim como os outros, à reflexão filosófica. Gostaria que a Escola parasse de promover uma cultura superficial, tão rapidamente esquecida quanto repisada, e que envolvesse cada adolescente em procedimento exigente de busca de qualidade para que ele possa assim, como já dizia Pestalozzi, "se fazer obra de si próprio".

Não seria mais necessário então travar querelas estéreis em torno da motivação para o trabalho. Não seria mais necessário discutir indefinidamente sobre qual elemento seria pré-requisito do outro.[13] A exigência transcende tudo isso. Ser exigente em tudo e nos menores detalhes, e basta. Exigente em relação a mim tanto quanto aos alunos. Exigente nas tarefas mais banais e cotidianas assim como nos momentos mais excepcionais e ritualizados. Exigente no trabalho para o qual tentamos motivar nossos alunos do mesmo modo que nas atividades que eles escolhem livremente.

> Ser exigente consigo mesmo e com seus alunos...

Procurando não "prendê-los" demagogicamente, e sim desencadear uma dinâmica pela qual eles próprios "se prendam", se ponham em movimento e se projetem no futuro... Aliás, todo professor sabe disso: ele sabe porque viveu isso em sua própria história e porque esse acontecimento determinou a escolha de seu ofício. Ele sabe porque viu com seus próprios olhos, pelo menos

56 Philippe Meirieu

uma vez, um aluno envolvido no jogo do saber... e porque eles ainda não se arrependeram disso, nem ele, nem o aluno.

Por isso, não tenha medo. Ao contrário do que se diz aqui e ali sobre a morte de nossos valores e de nossa cultura, sobre o igualitarismo destrutivo que poria abaixo nossa civilização, não há nenhum relativismo na conduta que proponho. Ao contrário, não digo que tudo tem o mesmo valor: digo que *é a exigência de qualidade – impulsionada pelo desejo de atingir a perfeição de humanidade – que distingue o que vale a pena.*

E o que vale a pena é justamente aquilo que o nosso ofício nos obriga a ensinar.

Notas

1. Você notou bem que está falando-se do aluno – isto é, de um sujeito em situação de aprendizagem escolar – e não da criança, mais especificamente do infantil.
2. A crítica de maio de 1968, que hoje se tornou lugar comum, data de... 1954! É nesse ano, de fato, que Hannah Arendt publica *La crise de la culture* (Paris, Gallimard, 1972), obra que consagra um capítulo à educação no "novo mundo", ao qual os detratores de maio de 1968 se referem constantemente. Os pais, explica ela, renunciaram a transmitir a herança cultural de que as novas gerações necessitam; eles não exercem mais sua autoridade e deixam seus filhos nas mãos de chefetes que os lançam no conformismo e na delinqüência... Na realidade, através de uma corrente pedagógica permissiva que grassava então nos Estados Unidos, Hannah Arendt denuncia, de maneira geral, a renúncia dos educadores. Renúncia já estigmatizada pelos pedagogos do século XVIII e, evidentemente, ainda hoje atual.
3. Luc Ferry, Xavier Darcos e Claudie Haigneré, Paris, Odile Jacob, 2003. Talvez você se lembre desse livro que foi enviado a todos os professores da França e que teve grande sucesso de livraria. Hoje seu interesse é apenas documental.
4. *Demain les profs*, Paris, Bourin éditeur, 2004, p. 109. Trata-se de um belo testemunho de um de seus jovens colegas que conheceu sucessivamente as benesses de um colégio de prestígio de um bairro nobre de Paris e os problemas de um colégio de subúrbio... Você, com toda certeza, questionará suas proposições, mas sua obra é particularmente estimulante.
5. *Comment peut-on être ministre? Essai sur la gouvernabilité des démocraties*, Paris, Plon, 2005, p. 205 e 206.
6. Neuchâtel e Paris, Delachaux et Niestlé, 1978.
7. Quem conhece um pouco a realidade das atividades de alto nível – seja a pesquisa científica ou o trabalho artesanal, a criação artística ou o apoio tecnológico, a responsabilidade por uma empresa ou por uma horta – sabe que o investimento humano, para poder sustentar o esforço de forma duradoura, comporta sempre uma parte de jogo. Aliás, podemos supor que o aluno que tem ótimos resultados em matemática, em geografia ou em língua viva é justamente aquele que é capaz de encontrar satisfações de caráter lúdico na "parte irredutível da aprendizagem livresca".

Carta a um jovem professor **57**

8. De minha parte, não tenho conhecimento de nenhum texto ou de nenhuma proposição pedagógica que sustente uma tal posição.

9. *Nos enfants gâchés*, Paris, Jean-Claude Lattès, 2005. Nesse livro, a autora denuncia nossos abandonos sucessivos e a incultura generalizada "que conhecemos". Por essa leitura, de fato, nenhum aluno do último ano do ensino médio saberia mais diferenciar entre Rimbaud e Rambo; eles teriam inclusive abandonado qualquer referência ao primeiro para se entregar unanimemente ao culto do segundo. O problema é que Natacha Polony nos pede simplesmente para acreditar na sua palavra. Alguns exemplos, alguns casos relatados... antes de concluir definitivamente e de ridicularizar, de passagem, os espíritos sombrios que seria preciso ver mais de perto! Alguém poderia perfeitamente defender posição inversa com a mesma arrogância. Mostrar que as salas de teatro, as óperas e os museus nunca foram tão freqüentados por escolares, que as práticas artísticas se desenvolvem por toda parte e que a venda de clássicos cresce em progressão constante. Mencionar os programas da escola primária de 2002, com a introdução do estudo obrigatório de obras literárias, ou as exigências dos programas dos cursos científicos que todos os estudantes concordam que são excessivos. No fim das contas, quem teria razão? Natacha Polony ou seu opositor? É impossível afirmar categoricamente. Os exemplos não são provas e a realidade é bem mais contrastante para ter um discurso tão ideológico sobre essa questão. Se, como afirma Natacha Polony, "a Escola tem como objetivo a transmissão de saberes verificados", é absolutamente imprescindível proscrever seu ensaio de todas as bibliotecas escolares!

10. Paris, P.O.L. éditeur, 2003. [N. De T. *Loft*: referência a *Loft Story*, programa de televisão do gênero *Big Brother*.]

11. Le Seuil – Points, Paris, p. 106.

12. Dominique Naert, "Le premier geste", *Médium*, n. 3, avril-mai-juin 2005, p. 120 a 131 (p. 130).

13. Posso confessar minha profunda aversão por aquele pensamento que está sempre querendo impor pré-requisitos à educação? Trata-se, na realidade, de um pensamento da resignação, contrário àquilo que nos ensina toda a história da pedagogia. Assim, seria preciso saber nadar para entrar na piscina. Saber ler para poder abrir um livro. Saber escrever perfeitamente e sem erro para rabiscar sua primeira carta de amor... Esperar saber fazer amor para fazer amor! Na realidade, a "pedagogia dos pré-requisitos" coloca sempre "saberes" ou "os saberes" como uma condição indispensável de acesso aos conhecimentos e à cultura. Ela sempre encontra pretexto para adiar o momento do confronto com a cultura: *"Ele não tem base; é preciso primeiro consolidar suas aquisições; é preciso tempo, e é preferível concentrar-se no fundamental...".* Há um erro de cálculo! A "pedagogia dos pré-requisitos", na realidade, rompe as pontes que pretende construir. Ela impede as crianças de verem a vida crescer por trás de conhecimentos fossilizados que a Escola lhes ensina. Ela fabrica a morte com o vivo... quando, evidentemente, seria preciso fazer o contrário: restituir o projeto cultural que deu origem aos saberes.

6

Uma preocupação da qual não devemos nos envergonhar é a disciplina em sala de aula

Não vamos mais ficar fazendo rodeios: a questão que está lhe coçando a língua é a da disciplina na sala de aula. Não da disciplina ou das disciplinas que você ensina, mas da disciplina que você é capaz ou não de fazer reinar no dia-a-dia: as condições de trabalho que você consiga instalar em suas aulas e que tornem possível a transmissão. Porém, eu gostaria de convencê-lo justamente de que a questão da *disciplina a ensinar* e a da *disciplina que deve fazer reinar* são uma única questão. E de que qualquer tentativa de separá-las conduz ao fracasso.

Eu estava dizendo "você". Mas não deveria. Pois é de "nós" que se trata. De fato, ninguém aqui pode lhe dar lições do alto de suas certezas e garantir-lhe o êxito. Nenhum formador, nenhum inspetor, nenhum diretor de escola, nenhum especialista em ciências da educação, nenhum filósofo, nenhum ministro... Quando trabalho com jovens colegas que me expõem suas dificuldades em matéria de disciplina na sala de aula, a primeira coisa que lhes digo, sem a menor afetação, é que talvez eu não fosse capaz de fazer melhor do que eles.

Hoje ninguém pode afirmar que não tem problema de disciplina.

Na verdade, vivemos uma situação escolar completamente inédita, a qual nenhum espírito forte pode dizer que compreendeu a fundo e que consegue dominar totalmente. Os alunos em nossas salas são não apenas mais numerosos como são completamente diferentes do que vocês próprios eram há apenas cinco ou seis anos: "a escuta vacila", como explica Carole Diamant;[1] para não obstante alguns incidentes excepcionais, vivemos "um tempo intermediá-

60 Philippe Meirieu

rio e obscuro": a mídia exerce uma pressão constante sobre crianças e adolescentes que, por toda parte, se precipitam na passagem ao ato.

Reflita comigo: hoje o controle remoto já não é apenas um pequeno objeto que se deposita na mesa da sala, do quarto ou da cozinha, mas é totalmente interiorizado e, com isso, o princípio que ele encarna irrompe na Escola: a conexão direta do sujeito com um mundo reduz ele próprio a não ser nada mais que um joguete de seus caprichos. O controle remoto é, de fato, a regressão infantil instituída: o mundo nos pertence, nele tudo é possível, basta pensar nisso firmemente, concentrar-se, fechar os olhos e lhe pedir. O *zapping* faz do telespectador um tirano. E de nossos alunos, consumidores de imagens.

> O aluno reproduz na sala de aula a atitude que tem diante da televisão: ele fica mudando de canal.

Pois a televisão é um meio muito particular: ela nos dá a possibilidade de mudar de canal e de programa a todo instante, ou mesmo de assistir a vários programas ao mesmo tempo. Não se dispõe de controle remoto no cinema ou no teatro: lá, a pessoa entra em uma sala e se limita, em princípio, a assistir a um espetáculo do início ao fim, sem se dedicar paralelamente a outras atividades. Diante da televisão é o contrário: a pessoa dá uma olhada nos programas, passa de canal em canal, atende ao telefone, belisca um pedaço de queijo, briga com seu irmão ou com sua irmã, pega a novela que está começando, ao mesmo tempo em que tenta saber o resultado do jogo que continua. Em suma, ela se movimenta e troca de canal em função de seus caprichos do momento e da natureza dos programas apresentados. Desde que se disponha de TV a cabo ou de satélite, a oferta é tão gigantesca quanto as possibilidades são inesgotáveis. Combina-se assim, ao mesmo tempo, uma infinitude de atividades de todos tipos e o controle mais estrito sobre "a máquina de ver".

Porém, quando se sabe que, segundo todas as cifras disponíveis, crianças e adolescentes passam, em média, ao longo do ano, mais tempo diante da televisão, com o controle remoto à mão, do que na escola, não é estranho ouvir os professores reclamarem de ser vistos como aparelhos de TV.[2] Eles ficam falando em um canto da sala de aula enquanto seus alunos se dedicam a uma infinitude de atividades: alguns escrevem em suas agendas, outros redigem textos, outros desenham ou preparam um exercício para a aula seguinte... E, vez ou outra, os alunos dão uma olhada, apuram os ouvidos, atraídos por uma imagem ou por uma expressão: ficam atentos por alguns instantes... antes de voltar a fazer outra coisa bem diferente e de lamentar que aqui, infelizmente, não se possa mudar de canal! Assim, o controle remoto contribui para desintegrar a atenção. Ele manda para o espaço a percepção linear, encorajando a dispersão sistemática e a agitação permanente. Além disso, em uma corrida de velocidade infernal, o uso do controle remoto leva as redes de televisão, cujo maior temor é que o espectador fuja para uma rede concorrente, a multiplicar os *slogans* sucessivos, as provocações improvisadas, os planos dentro do possível cada vez mais breves que se encadeiam em um ritmo desenfreado. O *zapping* tornou-se inelutável: a fim de evitar que o telespectador o pratique entre redes, estas o organizam permanentemente em seus próprios programas. E, nesse âmbito, nós, professores, não temos condição de rivalizar. Aliás, nem devemos. Acredito inclusive que devemos resistir deliberadamente.

Presenciamos no dia-a-dia os efeitos devastadores da exaltação midiática do infantil. São essas "crianças-bólides",[3] largadas na sala de aula como se estivessem na frente de sua televisão, desacatando o professor quando ele já não corresponde mais às suas expectativas, lançando-se na injúria e na violência para mascarar sua dificuldade de se fixar, por um instante que seja, em uma aprendizagem ou em uma relação com o outro, aniquilando em uma virada de bordo aqueles que não pensam como elas, que não se vestem como elas, que não concebem o mundo como elas. São essas crianças e adolescentes para os quais tudo pode e deve ser comandado por seus caprichos, que não sentem mais prazer a não ser na contemplação ao infinito de sua própria imagem, siderados pelo espetáculo de suas fantasias projetadas permanentemente pelas mídias. São essas crianças também que já não discutem apenas os métodos ou as apreciações do professor – velho hábito que você mesmo praticou –, mas o próprio conteúdo de seu ensino: "O senhor está dizendo isso... mas a gente não viu na televisão!"; ou então: "Na internet se diz o contrário!".

> As mídias exaltam o infantil quando a escola tenta fazer a criança crescer.

Assim, diante de fenômenos de uma tal amplitude, podemos nos satisfazer em lamentar, acusar as famílias de excesso de indulgência e, no fim das contas, acabar nos recusando ensinar aos alunos que, decididamente, não se mostram dignos disso!

Existe, aliás, em matéria jurídica, aquilo que é chamado de deserdação: a recusa de transmitir a seus herdeiros a herança que de todo modo lhes cabe. Eu não gostaria que nós, professores, fôssemos tentados por essa maneira de acabar com tudo e de deixar que o infantil irrompa, sob o pretexto de não nos comprometermos com as "obras pedagógicas inferiores". Gostaria, ao contrário, que nos empenhássemos pacientemente – mesmo sem muita esperança a curto prazo – em construir em nossas salas de aula espaços que escapem à ascensão conjunta, e celebrada por toda parte, do individualismo, do narcisismo e da mediocridade. Em suma, que fabricássemos no dia-a-dia um pouco da verdadeira "disciplina escolar".

> Construir no cotidiano uma verdadeira disciplina escolar.

62   Philippe Meirieu

Para isso, bastam alguns princípios que, sem dúvida, lhe parecem muito simples, ou mesmo simplistas, mas que julgo fundamentais: *preparar minuciosamente o trabalho, cuidar do ambiente, ser firme nas instruções, fazer de modo que todos tenham um papel na obra coletiva*. Nada mais, na realidade, do que esse "materialismo pedagógico" que Célestin Freinet já invocava com tanto fervor[4] e que nós acabamos descobrindo o quanto é fecundo. Nada mais que o abandono dessa "educação tagarela" que Rousseau já denunciava e com a qual, dizia ele, "não fazemos senão tagarelas".[5]

Cuidar do ambiente: os cientistas e os artesãos sabem muito bem que a maneira de preparar um canteiro e de instalar as ferramentas necessárias é decisiva. Nada dará certo sem um arranjo minucioso, e para isso é preciso que a pessoa se projete naquilo que irá fazer, que antecipe as necessidades e o desenvolvimento, que crie as condições materiais e psicológicas para ir até o fim. E por que isso, que é verdade aqui, não seria também para uma lição de ortografia, para uma aula de matemática, para um trabalho de filosofia?

> Preparar o material, estruturar o espaço e o tempo.

A Escola de antigamente – cujos objetivos e cujos ritos nos fascinam tanto – era uma escola construída minuciosamente, arquitetada nos seus mínimos detalhes. Em vez de cultivar a nostalgia, vamos nos empenhar também em estruturar o espaço escolar como um verdadeiro espaço de trabalho. Não vamos aceitar dar aulas em caixas de sapato indiferenciadas que ninguém habita verdadeiramente e onde nada sugere qual é a atividade proposta e qual o comportamento esperado!

Por que não dedicar algum tempo, antes da chegada dos alunos, para dispor as mesas de modo a favorecer o tipo de comunicação que se quer promover? Por que não descrever claramente no quadro os objetivos e o desenvolvimento da aula para que, logo que entrarem, os alunos já saibam, de antemão, o que se espera deles? Por que não listar com eles todo o material que será necessário, para se ter certeza de que ele estará ao alcance das mãos? Eu, de minha parte, considero essas operações essenciais: elas encarnam o projeto de ensinar e constroem o cenário indispensável para que os alunos se coloquem em posição de aprender. Mesmo na universidade, nunca deixo que os alunos cheguem em uma sala sem ter preparado minuciosamente o material e os documentos que vamos utilizar, sem ter colocado em cada mesa o plano da aula. E exijo que, ao entrarem, respeitem um espaço estruturado que já prepara o espírito.

Assim, devemos inverter a representação tradicional segundo a qual uma boa aula é antes de tudo uma boa *performance* do professor, a quem os alunos ouvem atentamente em quaisquer condições. Pois, sem dúvida, para muitos alunos, ouvir uma aula não tem nada de evidente. Muitas vezes, inclu-

Carta a um jovem professor **63**

sive, isso é visto como uma submissão ao poder de um professor que impõe seus caprichos. Nossa tarefa então é mostrar que a disciplina não é um capricho nosso ou uma exigência que a administração impõe para "ter paz", mas que ela emana de exigências do próprio trabalho, exigências concretas, demarcadas e compartilhadas... Os professores do ensino profissionalizante, de tecnologia, de educação física ou de artes plásticas, obviamente, são bem mais receptivos a essas proposições, pois sua própria possibilidade de ensinar depende disso: eles precisam preparar e respeitar o material, utilizá-lo o melhor possível e guardá-lo para os seguintes... Mas hoje esse é um desafio que todos os professores têm de enfrentar, da educação infantil à universidade: estruturar as relações na sala de aula a partir das próprias exigências do trabalho e, desse modo, participar da luta contra a dispersão a que, de resto, a maioria de nossos alunos está condenada.

Tudo depende, portanto, das instruções: explicar com firmeza o que é preciso fazer e as condições para isso. Com a precisão de vocabulário que, na medida do possível, não dê margem às interpretações aproximativas ou cômicas. Ser breve e claro. Distinguir o essencial do acessório. Não repetir a mesma coisa várias vezes inutilmente, com o risco de ver suas palavras caírem no vazio. Não se contradizer durante o processo. Não infringir as regras estabelecidas por nós mesmos... Creio que, cada vez

> Sermos precisos e rigorosos nas instruções.

mais, muitas coisas já estão ocorrendo: na firmeza serena, em uma forma de ascese da palavra que recusa repetir indefinidamente as mesmas ordens e impede qualquer veleidade de descontrole pessoal. Nesse tempo em suspensão, não em nossos lábios, mas naquilo que, por nossa boca, remete à exigência interna do trabalho que nos reúne.

Mas justamente aí reside um outro problema: para que a disciplina funcione é preciso efetivamente que o trabalho proposto reúna todos os presentes, sem exceção. É preciso que cada um tenha seu espaço para que não seja tentado a ocupar todo o espaço. Pois sabemos que, sem isso, não conseguiremos: se cada um dos alunos não estiver ocupado, envolvido em uma tarefa necessária ao bom funcionamento do grupo, vamos gastar toda nossa energia tentando conter as interferências que pipocarão em todos os sentidos ou então impor uma ordem formal que não conseguirá dissimular a insatisfação contida dos "bons alunos". Na sala de aula, é preciso superar a confusão. Nessa agitação desordenada, cada aluno ou quer ser esquecido ou quer chamar a atenção. As veleidades de participar eventualmente, quando tiver vontade, para depois pensar em outra coisa. É essa desordem mental, acompanhada ou não das formas habituais de bagunça, que caracteriza um espaço social desintegrado...

64   Philippe Meirieu

Passar uma tarefa específica a cada um, para que todos tenham um papel no grupo de trabalho.

É preciso promover em sala de aula, ao contrário, um mínimo de organização, estabilizar uma configuração, ainda que provisória, das relações entre as pessoas, de modo que, no final, cada um saiba o que se espera dele. Para isso, costumamos passar a mesma tarefa para todos: um exercício ou uma pesquisa, uma leitura ou uma manipulação. Já é o suficiente, desde que os materiais tenham sido preparados corretamente e as instruções sejam bem precisas, e pode ser um meio eficaz de estruturar a atividade comum. Mas o movimento é ainda mais promissor do ponto de vista pedagógico quando se envolve o grupo em um projeto em que é necessário fazer uma divisão de papéis. Assim, por exemplo, quer se realize uma maquete de uma cidade romana ou se redija um jornal escolar, quer se prepare uma experiência científica ou se entabule uma conversa em língua estrangeira, quer se faça o esquema de um circuito eletrônico ou se construa em conjunto os argumentos de uma dissertação, pode-se determinar a cada um qual é a sua responsabilidade exata na tarefa coletiva: cuidar do respeito à escala ou da precisão histórica, trabalhar na invenção de uma ficção ou na elaboração de uma reportagem, coordenar a discussão ou tomar notas, etc. O importante é que ninguém seja designado definitivamente para uma tarefa, que o rodízio de papéis permita a cada um, por seu turno, experimentar todos os papéis, e assim construir novas competências e descobrir novos centros de interesse. Assim, algumas vezes, a sala de aula emerge do caos. Laboriosamente. E no duplo sentido do termo: porque isso exige sempre um verdadeiro trabalho. E porque é preciso também uma obstinação sem trégua...

Parece que estou me lembrando que um dia, bem no início de minha carreira, um aluno particularmente difícil, que eu tinha chamado no fim da aula, alertou-me com a maior espontaneidade: "A gente seria mais obediente se trabalhasse de verdade na sala de aula". Não seria, de fato, uma falsa lembrança? Um desses acontecimentos cujas bases são tão tênues que nos perguntamos se realmente existiram ou se, de tanto acreditar nisso, acabamos de algum modo por incorporá-los à nossa história. Mas pouco importa! Observando o que se passa hoje em muitas escolas e estabelecimentos de ensino, estou convencido de que esse alerta é mais atual do que nunca. Como são sempre atuais os comentários de Fernand Deligny, um dos pioneiros da Educação popular que, há mais de 50 anos, se incumbia dos delinqüentes que a Escola desistiu de educar:

Organizar o trabalho, não a disciplina.

> É preciso saber o que você quer. Se quer ser amado por eles, traga-lhes bombons. Mas o dia que vier de mãos vazias, eles dirão que você é um grande sacana. Se você quer fazer seu trabalho, traga-lhes uma corda

Carta a um jovem professor **65**

para esticar, madeira para cortar, sacos para carregar. O amor virá em seguida, e essa não é a sua recompensa.[6]

Isso diz tudo: a vaidade da sedução. O fracasso inevitável da demagogia. A importância do "verdadeiro trabalho". Porque ele exige participar. Respeitar as competências de cada um. Abandonar a chantagem afetiva... Obviamente, hoje não é o caso de trazer madeira para cortar na sala de aula, mas, se procurarmos bem, acabaremos encontrando uma tarefa na qual nossos alunos possam envolver-se!

Portanto, é no aprofundamento da disciplina a ensinar que se encontram os fundamentos da disciplina a ser respeitada. É na concepção de projetos e na definição de tarefas que se fazem emergir progressivamente os modos de funcionamento que estruturarão a sala de aula. E é fazendo respeitar, com o tempo, esses modos de funcionamento que se permitirá aos alunos abandonar o mundo da satisfação imediata para entrar em um universo onde as pessoas se envolvem, constroem, aprendem.

> Toda verdadeira pedagogia é uma "pedagogia de projeto".

Nesse aspecto, a noção de "pedagogia de projeto" é um pleonasmo: toda verdadeira pedagogia envolve os alunos em um projeto voltado a um objetivo comum. Toda verdadeira pedagogia estrutura o grupo a partir do projeto. E possibilita a cada aluno assumir uma tarefa por meio da qual ele poderá colocar-se acima de todas as formas de conformismo e de fatalismo... É assim que se descobre, na Escola, que o proibido não é o capricho da tribo diante dele, que o respeito às regras permite satisfações maiores do que as frustrações que impõem. Que o papel de cada um só é garantido porque ele respeita a lei que se impõe a todos. Que uma palavra só é possível quando se ouvem os outros. E que a lei não agride, mas protege.

Portanto, não vamos fazer dessas questões de disciplina um âmbito separado. E, sobretudo, não vamos transferi-las sistematicamente a pessoas especializadas que se encarregariam de manter a ordem para que, de nossa parte, pudéssemos ensinar tranqüilamente. Não conseguiremos ensinar se não fizermos da disciplina na sala de aula um *problema nosso*: o problema da organização de um espaço e de um tempo socializados para possibilitar a transmissão dos saberes; o problema, pensado e debatido progressivamente com os alunos, em função de sua idade e de seu nível de desenvolvimento, das condições que devemos criar para aprender juntos...

> A manutenção da ordem não pode ser atribuída exclusivamente à administração; a disciplina é aprendizagem da própria Escola.

É claro que posso imaginar o ceticismo que toma conta de você diante de uma tal afirmação: há concordância quanto ao princípio, mas uma grande dúvida

66 Philippe Meirieu

quanto à sua prática. Uma adesão à idéia, mas uma infinidade de indagações: o que fazer com o aluno que se recusa deliberadamente a entrar no jogo e assumir um papel no coletivo? Devemos excluir os recalcitrantes quando o funcionamento do grupo fica comprometido ou fazer o conjunto pagar pelos desmandos de alguns? Você tem a sensação de que um trabalho como esse requer um esforço coletivo e que não pode conseguir isso sozinho. Isso é perfeitamente correto.

Pois, muito além da questão da disciplina, o que está em questão aqui é nada mais nada menos que os próprios fundamentos da Escola.

Notas

1. *École, terrain miné*, Paris, Liana Lévi, 2005. Trata-se de um colega, professor de filosofia de ensino médio em uma escola do subúrbio parisiense, que analisa, com muita humanidade, a situação tensa de seu estabelecimento e, de maneira mais geral, de nosso ofício. A lucidez, aqui, escapa às armadilhas da denúncia gratuita e não exclui a esperança.
2. Seria preciso também, evidentemente, mencionar a influência, muito mais demarcada das "rádios jovens" (pois os adultos não as conhecem, ao contrário dos canais de televisão): despejando nos ouvintes ondas contínuas de música medíocre, palavras geralmente vulgares e sempre irrelevantes, elas acostumam os alunos à escuta em ondas de um ruído de fundo... que é justamente o contrário da escuta atenta e crítica que procuramos instalar na sala de aula.
3. A expressão foi sugerida por Francis Imbert (*Enfants en souffrance, élèves en échec*, Paris, ESF éditeur, 2004) que designa assim as crianças que não têm acesso ao simbólico e que estão sempre prestes a passar ao ato (enquanto que o simbólico representaria, por oposição e conforme sua etimologia, a capacidade de "reunir", de "aproximar" e, mais precisamente, para "trocar palavras"). Se você se interessa por essas crianças da margem que levam ao fracasso as melhores intenções do mundo, é preciso ler as obras de Francis Imbert que, ao lado de argumentações teóricas sempre muito estimulantes, apresentam monografias onde se vê concretamente como a pedagogia pode fazer com que os alunos recuperem o gosto pelo saber e a vontade de crescer. Um conselho: leia antes as monografias e só depois retome os textos teóricos
4. *Oeuvres pédagogiques*, dois tomos, Paris, Le Seuil, 1002. Ver, em particular, "Les invariations pédagogiques".
5. *Émile ou de l'éducation*, Paris, Gallimard - La Pléiade, Livre III, 1990, p. 447. "*Na sua idade*, como dizia outrora um de meus professores na universidade, *a gente não lê, mas relê...*" Sem dúvida, isto é particularmente verdadeiro quando se trata da obra fundamental da pedagogia moderna, que todo mundo cita... mas que ninguém leu, o *Émile*. Então, aproveite a oportunidade, e releia o *Émile!* Há certas passagens que continuam bastante atuais: "*Que ele não saiba algo porque você lhe disse, mas porque ele próprio compreendeu: que ele não aprenda a ciência, mas que a invente. Se você um dia substituir a razão pela autoridade em seu espírito, ele não raciocinará mais; ele será apenas um joguete da opinião dos outros*" (p. 430).
6. *Graine de crapule*, Paris, Éditions du Scarabée, 1996, p. 20. Esse pequeno livro, constituído de aforismos, é um verdadeiro tesouro para todos os educadores.

7

Qualquer que seja nosso estatuto, quaisquer que sejam nossas disciplinas de ensino, somos todos "professores de Escola"

Quando Lionel Jospin, então ministro da Educação Nacional, decidiu transformar os "instituidores" em "professeurs des écoles", dizem que o fez com um certo pesar. Não que ele tivesse má vontade em alinhar os Níveis de recrutamento e as carreiras das duas funções que considerava como de igual dignidade.

> Todos os professores são "instituidor" de humanidade.

Mas porque tinha um apego muito particular pela palavra "instituidor". E nós compreendemos bem isso: *"Na Escola Normal*, escreve François Mauriac em *Le Sagouin, um de seus professores lhe ensinava etimologia: instituidor de institutor, aquele que estabelece, aquele que instrui, aquele que institui a humanidade no homem".*[1] Uma definição soberba de nossa missão que, sem os preconceitos absurdos de nosso país, deveria nos conduzir logicamente a nomear como "instituidores" todos os professores, quer lecionem nas séries iniciais ou finais do ensino fundamental, ou no ensino médio. Instituidor de curso preparatório, instituidor de letras, de engenharia civil ou de biologia... Seria um orgulho! Mas, na França, a idéia de que a idade dos alunos ensinados está relacionada ao nível de competência ou de prestígio do ofício está tão arraigada nos espíritos que, no ensino médio, uma tal denominação seria vista inevitavelmente como uma degradação. É uma lástima, e um pouco triste! E é lamentável também porque isso nos fez esquecer que, não importa onde ensi-

---

N. de R.T. Instituidor, vocábulo rue designa aquele que dá início, cria, educa, forma, disciplina, declara por herdeiro.

68 Philippe Meirieu

namos e o que ensinamos, somos antes de tudo, na medida em que fazemos parte do sistema escolar, "professores de Escola".

Pois, como afirma Jérôme Brunet, "o programa de uma escola não se reduz às disciplinas que ela ensina. A principal disciplina de uma escola, vista do ângulo cultural, é a própria Escola. É assim que ela é vivida pelos alunos, e é isso que determina o sentido que ela tem para eles".[2] Em outras palavras: a Escola institui um certo tipo de relação – com os saberes que ela ensina e com os alunos que ela escolariza – que a especifica em meio a uma infinidade de modos de agrupamento inventados pelos homens. Uma sala de aula não é um grupo de pessoas escolhidas em razão de suas afinidades. Não é, tampouco, um conjunto de pessoas que compartilham as mesmas convicções ideológicas ou religiosas. Não é uma família cujos membros são unidos por relações de filiação. Não é um bando submetido ao comando de um líder, nem um cenário de televisão onde o espetacular é a lei. É um espaço e um tempo estruturados por um projeto específico que alia ao mesmo tempo e indissociavelmente *a transmissão de conhecimentos e a formação dos cidadãos.*

É por isso que não há nenhuma contradição em ser simultaneamente um professor de 3ª ou 4ª séries que ensina gramática e um "professor de Escola" – antes o contrário. Assim como não há a menor contradição em ser professor de educação física e esportiva nas séries finais do ensino fundamental e "professor de Escola", ou professor de economia e gestão no ensino médio e "professor de Escola". Ao contrário: só podemos ensinar uma disciplina se a ensinamos como "disciplina escolar", isso porque nós a ensinamos não apenas na Escola, mas "como Escola"... Não há nenhuma oposição aqui: assim como "a disciplina de ensino" e a "disciplina na sala de aula" são tão indissociáveis como a frente e o verso de uma folha de papel, "as disciplinas escolares" e "a disciplina da Escola" são uma única realidade.

> Todos os professores, antes de tudo, ensinam a Escola como objeto e como valor.

De fato, a Escola não é apenas um lugar de acolhimento ou de passagem, mas é um contexto educativo específico onde tudo deve fazer sentido de maneira coerente. Um estabelecimento escolar, de nível fundamental ou médio, não é apenas um conjunto de aulas e de reuniões mais ou menos justapostas. É uma instituição onde as relações entre as pessoas, o conjunto da gestão cotidiana e todo o ambiente material conspiram – etimologicamente, "respiram juntos" – para instituir uma forma particular de atividade humana fundada em valores específicos: o reconhecimento da alteridade, a exigência de precisão, de rigor e de verdade, a aprendizagem conjunta da constituição do bem comum e da capacidade de "pensar por si mesmo".

A Escola como instituição do encontro da alteridade

Embora o faça em termos que hoje podem parecer obsoletos e extremamente rígidos, o filósofo Alain formulou nos anos de 1930 aquilo que ainda constitui a base da ruptura, necessária para a criança, entre a família e a Escola: "contrastar" com "o sono biológico e com esse instinto familiar que se fecha em si mesmo", abandonar um espaço regido pela "generosidade de alma" e pela "alegria de estar entre os seus" para ter acesso a um universo onde "as lições assumem um ar de necessidade".[3]

De fato, a Escola é uma instituição onde não se escolhe e onde, no entanto, deve-se trabalhar e aprender juntos. Uma *instituição* de verdade, e não um simples *serviço*: em uma creche, confia-se seu filho ou sua filha em função de suas imposições familiares ou profissionais e, ainda que existam horários, pode-se retirá-los conforme sua conveniência. Já a Escola impõe suas próprias regras. Não para complicar a vida das famílias, para submetê-las a uma autoridade arbitrária ou para humilhá-las. Mas porque esse é o próprio corolário de sua missão; a Escola não está à disposição das famílias, ela não foi feita para lhes "prestar serviço". Ela encarna e põe em prática valores coletivos que vão além da mera justaposição de interesses familiares. A Escola tem como missão justamente ensinar à criança que a família, eminentemente necessária para o seu desenvolvimento, não é – não pode ser – seu único universo de referência. É na Escola, de fato, que se descobre que outras crianças têm uma vida diferente. Que se aprende que os pais não reagem todos da mesma maneira. Que nem todo mundo acredita nos mesmos deuses. Que as preocupações de uns não são as de outros. E que as opiniões de alguns não são o ponto de vista de todos... Porque o que caracteriza uma sala de aula da Escola da República é que seus membros não se escolhem e porque seu encontro ali é aleatório.[4] A pessoa pode ter, ao seu lado, amigos, grupos de pertença, de convicções, de simpatias. Mas esse não deve ser, de modo nenhum, um critério de constituição de uma sala de aula. Pois, na Escola, as pessoas vão para aprender juntas... para aprender sem serem escolhidas!

> Na Escola, aprende-se a deixar para trás seu ambiente e suas próprias preocupações para encontrar outras crianças e outros mundos.

Esse rompimento pode ser difícil às vezes, mas nem por isso deixa de ser absolutamente necessário para a criança. Ela já tinha descoberto – e na maioria das vezes de forma dolorosa – que não estava sempre no centro do ninho, que seus pais podiam existir fora dali e dirigir seu olhar para outras pessoas que não ela. Agora descobre que seu ninho não é o centro do mundo... E, mais importante ainda: que seu ninho faz parte do mundo, mas que ele não é o mundo.

> A Escola deve ajudar a criança a deixar de ser o centro do mundo.

Há nessa ruptura algo de absolutamente indispensável para crescer: como um caminho íngreme para a realidade do mundo. Ali se constrói uma exterioridade que desce em declive. Não se está mais restrito ao mimetismo familiar, na medida em que se sabe que existem outras famílias com outras referências. O universo se abre então para novos saberes. Não se trata mais de acreditar na palavra de seus pais ou de contradizê-los sistematicamente, o que no fim das contas é a mesma coisa. Pode-se comparar, discutir e acabar esbarrando naquilo que resiste ao confronto de opiniões contraditórias de uns e de outros. E, a partir desses pontos fixos, evidentemente provisórios, já se esboça a possibilidade de ter acesso a um "mundo coletivo", ao mesmo tempo mais estável e mais compartilhado, mais sólido e mais universal.

A Escola é, portanto, confronto construído com a alteridade. Organização da descoberta de que existe "alguma coisa" em outro lugar. Descoberta difícil, tamanha é a propensão de cada um a reduzir o mundo ao seu universo pessoal. Descoberta jamais concluída, tanto o infantil nos persegue, nos faz rejeitar aquele que não nos pertence, não nos ama ou não nos interessa. A tal ponto que sempre necessitamos ouvir mais longe, o espectro de Shakespeare: *"Há mais coisas entre o Céu e a Terra, Horácio, do que sonha nossa vã filosofia"*. Mais coisas e, pelo menos, algumas "coisas".

A Escola como instituição da busca da verdade

É estranha, de fato, porém essencial, essa missão da Escola de ajudar a entender, simplesmente, que existem "coisas". Lição decisiva que um romancista americano, Kressmann Taylor, formula da seguinte maneira em uma de suas novelas:

> É muito importante conhecer as coisas como elas são. Não como você teme que elas sejam, ou como gostaria que fossem. Nem um nem outro. Como elas são. Você tem de descobrir que o mundo não pensa em você, que ele não funciona com a intenção de lhe causar mal, ainda que muita gente pense assim e tenha medo, sobretudo crianças. O mundo também não procura lhe dar prazer.[5]

> Na Escola, aprende-se que a verdade resiste aos nossos desejos e que é preciso conhecer as coisas para ter um juízo sobre elas.

É preciso, de fato, aprender que "as coisas" existem e que "elas são o que são". Não podemos impor-lhes nossos caprichos. Aprender a ler é respeitar o texto e não fazê-lo dizer o contrário ou algo diferente do que ele diz. Adotar um procedimento científico é tentar ver aquilo em que não tínhamos pensado, e não descartar fatos que desmentem nossas hipóteses e limitar-se a considerar o detalhe menor. Fazer uma pesquisa documental é buscar informações sem descartar aquelas que poderiam desestabilizar-nos, é checar as fontes e desconfiar de interpretações apressadas... É assim que se manifesta, no cotidiano das práticas mais banais da sala de aula, a difícil, porém essencial, distinção entre *o saber e o crer*, entre o dado que se impõe a todos e o que provém das opiniões de cada um. Obviamente, nossa finitude nos impede de pretender separar um dia, em todos os âmbitos e de uma vez por todas, o "saber objetivo indiscutível" e o "crer subjetivo e aleatório". A pureza, aqui, nós é absolutamente inacessível. Mas nem por isso o esforço de destrinchar um e outro deixa de ser fundamental. É esse esforço que estrutura a relação de um professor com o saber, e é sua probidade nesse âmbito que lhe permite encarnar no dia-a-dia a finalidade da instrução escolar.[6]

Pois esse valor, de nome um pouco antiquado, é a maneira que nós, professores, temos de ensinar para além de nossos saberes, *nossa relação com o saber*. É em nome da probidade, de fato, que nos esforçamos para entender o que um autor escreveu antes de poder emitir, com toda liberdade, um julgamento sobre suas palavras. É em nome da probidade que nos proibimos de dissimular uma parte daquilo que vemos ou daquilo que sabemos. É em nome da probidade que aceitamos ouvir com a mesma atenção os argumentos dos adversários e os nossos próprios. É em nome da probidade que reconhecemos que não somos infalíveis e que ainda temos muitas coisas a aprender... É por isso que jamais devemos ter medo de confessar, diante de nossos alunos, uma perplexidade intelectual, de reconhecer uma ignorância, de admitir um erro. Nossa fraqueza aqui é nossa maior força: o sinal de que tiramos nossa autoridade de uma relação exigente com a verdade e não de uma relação de forças. E ainda que pareçam indiferentes aos nossos escrúpulos, nossos alunos nunca se enganam: com certeza eles sabem reconhecer aquele que impõe a si mesmo as exigências a que submete o outro. E isso se impõe sempre!

É assim que se instala progressivamente no centro da sala de aula uma conduta que faz da exigência de precisão, de justeza, de rigor e de verdade a regra explícita do trabalho coletivo. Aqui, não é quem grita mais alto que tem razão, mas quem demonstra melhor. Não é a intimidação que predomina, mas a argumentação. Não é o espetacular que triunfa, mas a autenticidade de uma palavra que liberta e que reúne os homens.[7] Seja em tecnologia, em línguas, em artes plásticas, em mecânica, ou em administração, a mesma exigência se opera: ser claro, o máximo possível, o mais próximo possível. Dominar o gesto, o movimento, a expressão para ser compreendido pelo maior número de pessoas. Fazer e dizer o que se imporá a todos como "inteligente"... aquilo que todos poderão assimilar com a sensação estranha – mas sempre bastante estimulante – de que a novidade não pesa, mas alivia. Vemos assim se configurarem as formas que nos tiram da confusão: o mundo e os outros já não são tão estranhos para nós como antes.

72 Philippe Meirieu

> A Escola ensina como a busca da verdade fundamenta o respeito mútuo e permite escapar da hegemonia das relações de força.

Sei que você conhece bem essa experiência e que, embora às vezes nos faltem as palavras para descrevê-la, estamos convencidos, você e eu, de que ela é a pedra de toque daquilo que é chamado de "êxito escolar". Trata-se sempre, de fato, de sair do caos e de se tornar capaz de nomear, ainda que aproximativamente, aquilo que não víamos ou que nos inquietava: nossas pulsões arcaicas, graças à mitologia, à literatura e a todas as formas de arte... nossas questões em face do "silêncio eterno desses espaços infinitos" – como dizia Pascal – graças à ciência... nossas indagações sobre nossas origens, graças à história e à filosofia... nossas dificuldades de comunicação com outros seres, outros povos, outras culturas, graças ao estudo minucioso de nossas respectivas linguagens. A cada vez, saímos um pouco mais da obscuridade: surgem referências, constroem-se modelos com essa evidência *a posteriori* que levava o inspetor Bourrel, desaparecido há muito tempo de nossas telinhas, a dizer ao final de cada entrevista que fazia: "Que droga, mas está correto!".

Essa é apenas mais uma maneira de descrever o acontecimento pedagógico que se impõe decididamente no centro de nosso ofício. Porém, um acontecimento pedagógico portador de uma esperança social e política nova: a esperança de uma sociedade em que as relações entre os seres não se fundamentem mais na violência do mercado e na eliminação do "elo fraco", mas na busca coletiva, no respeito recíproco, da verdade. Um acontecimento comparável ao que é descrito por Marcel Mauss, no final do *Essai sur le don*, quando evoca os cavaleiros da Távola Redonda:

> Para começar, era preciso antes depor as lanças. Foi assim que o clã, a tribo, os povos aprenderam – e é isso que, no futuro, em nosso mundo civilizado, as classes, as nações e também os indivíduos devem aprender – a se opor sem se massacrar e a se entregar sem se sacrificar uns aos outros. [...] As crônicas de Arthur relatam como o Rei Arthur, com a ajuda de um carpinteiro da Cornualha, inventou essa maravilha de sua corte: a Távola Redonda miraculosa em torno do qual os cavaleiros já não se baterão mais. É inútil ir buscar muito longe o bem e a virtude. Eles estão aqui, na paz imposta, no trabalho bem ritmado, alternativamente coletivo e solitário, na riqueza amealhada e depois redistribuída, no respeito mútuo e na generosidade recíproca que a educação ensina.[8]

A Escola como instituição de uma sociedade democrática

Eis que então chegamos ao fim do caminho. Onde acaba o nosso ofício e começa o dos políticos. Mas não vamos queimar a última etapa. Com o risco de deixar nossos alunos, na saída da Escola, prestes a ingressar na vida profissional, a participar de um debate científico, e incapazes de se envolver honestamente na construção de uma sociedade democrática.

Aliás, não é um paradoxo menor de nossa modernidade o desinteresse das democracias por sua própria perenidade. Enquanto que os regimes totalitários, seja qual for sua ideologia de referência, consagram uma energia considerável a inculcar nas crianças o catecismo que garantirá sua submissão futura, as democracias, de sua parte, contentam-se em injetar uma hora de educação cívica aqui ou ali... com tão pouca convicção que todos admitem, à boca pequena, que ela pode ser deixada de lado na primeira oportunidade. Assim, parece que nos resignamos ao culto do individualismo, à supressão das regras de vida coletiva e ao domínio dos comunitarismos...

> Na Escola, aprende-se a passar progressivamente do próprio ponto de vista e dos interesses pessoais à busca do bem comum.

Evidentemente, não seria o caso de inculcar de modo autoritário os princípios democráticos – com o risco de cair em uma contradição terrível: é o que fazem os Estados Unidos em todo o planeta, com os resultados que vemos. Longe de contribuir para a emergência de regimes democráticos, eles reforçam os fundamentalismos e encorajam os fanatismos de todo tipo... Mas haveria outra saída? Será que podemos imaginar uma verdadeira educação na democracia que permita ingressar na política, ao atingir a maioridade civil, com pleno conhecimento de causa e tendo uma chance de colocar sua pedra na busca do bem comum?

A Escola poderia então ter um papel decisivo aqui. Desde que tome a pulso um duplo trabalho: de um lado, o de ajudar cada aluno *a escapar de todas formas de tribalismo* que imponham a conformidade à norma e impeçam qualquer liberdade de pensamento; e, de outro lado, o de ensinar a cada um, permanentemente, *a se descentrar de suas preocupações imediatas e de seus interesses pessoais para se associar a outros e caminhar no sentido do universal*. Duplo trabalho. Dupla exigência. E as duas faces da mesma peça do quebra-cabeça, a peça que falta, ou é apenas esboçada, de nossa modernidade: uma instituição democrática.

"Pensar por si mesmo", antes de tudo: velha frase das Luzes, e mais atual do que nunca.[9] No momento em que o mais insignificante animador de televisão ou de rádio adquire mais importância do que o legislador, e em que os jovens, fascinados pelos artistas, fazem deles seus únicos modelos, trabalhar pela emergência de um pouco de liberdade de pensar não é um luxo. Não que a cultura de massa seja intrinsecamente má, mas porque toda forma de domínio sobre os espíritos, quando ela dita tanto a maneira de falar como o modo de se vestir, quando ela instila nas consciências hierarquias de valores aos quais é preciso se submeter para ser aceito em um grupo, constitui um terrível

74 Philippe Meirieu

entrave à emergência de um sujeito. Hoje se fala muito do crescimento das tribos, de grupos indistintos atados por laços rígidos a um chefe ou a um clã. Descobre-se também a pressão terrível que a sociedade midiática e mercantil exerce sobre os espíritos, particularmente das crianças e dos adolescentes. E, ainda que estes últimos cultivem às vezes uma distância engraçada daquilo que parece fasciná-los tanto, essa ingestão contínua, oferecida fartamente por todos os canais de comunicação e que acaba por se impor como a única cultura comum, põe em questão nosso ideal de laicidade. Jules Ferry queria livrar os espíritos da superstição e do obscurantismo por meio da Escola... Mas nenhum filho de camponês bretão passava tanto tempo no catecismo, nos anos de 1905, quanto o filho de um burocrata passa diante da televisão, do rádio e da internet nos anos atuais.

Sei muito bem que os professores não costumam admitir que assistem televisão... sobretudo aos seus alunos! Mas será que, por isso, devemos nos resignar a esse rolo compressor de cretinice que solapa os próprios fundamentos de nosso trabalho? Quando alunos de 3ª e 4ª séries – como presenciei há algum tempo – estão realmente convencidos de que, como foi "demonstrado" por um canal de televisão, "os bombeiros são mais inteligentes que as louras", será que realmente podemos deixar de rir e dar nossa aula de gramática sobre o particípio passado como se nada tivesse acontecido? Acho que estamos sendo extremamente vacilantes aqui. E também – com perdão da palavra que poderia ofendê-lo – um pouco relapsos: relapsos porque abandonamos ao acaso justamente aqueles e aquelas que gostariam de resistir e que necessitariam de nós para isso.

Pois, também nesse caso, é nossa responsabilidade: fazer uma aliança com o aluno sempre que ele deseje escapar da gangue, sair do conformismo imposto, tentar uma expressão pessoal, refletir por si mesmo... ousar contradizer o pequeno chefe, o animador de rádio ou mesmo o professor! Essa é, de fato, a condição do futuro cidadão: não mais se inclinar diante de qualquer forma de clericato, examinar uma palavra por sua coerência e não pelo prestígio de quem a profere, atacar os absurdos, checar sistematicamente as fontes. É por isso que a questão do procedimento experimental e a do procedimento documental na Escola constituem uma única questão: a questão pedagógica essencial de quem não se resigna à imposição, mas procura *associar, no mesmo ato de transmissão, a instrução rigorosa e a aprendizagem da liberdade de pensar.* Enquanto essa questão não for levada a sério por todos os professores e administradores, enquanto não fizermos dela a pedra angular da escolarida-

> A Escola deve assegurar a cada um a possibilidade de escapar a todas as formas de domínio para que se possa "pensar por si mesmo".

Carta a um jovem professor **75**

de e não investirmos fortemente nela, corremos o risco de solapar essa formação do cidadão a qual, por toda parte, somos pressionados a pôr em prática.[10]

Dito isto, a cidadania exige não apenas a capacidade de escapar ao domínio de outros, mas também a de se associar livremente a eles... E constata-se, justamente, que aprender a se associar aos outros não se faz absolutamente em ruptura com o processo educativo e escolar tal como se desenvolve desde a educação infantil; mas constitui seu prolongamento lógico. Entrar na Escola, como vimos, significa sair da esfera privada e do tratamento estritamente familiar e afetivo dos problemas; significa ser forçado a considerar o ponto de vista dos outros para construir, progressivamente, saberes objetivos. Porém, essa etapa do desenvolvimento da criança é, ao mesmo tempo e consubstancialmente, intelectual, social e política. É, em todos os âmbitos, uma maneira de galgar sistematicamente um nível no tratamento de questões, para considerá-las de um ponto de vista que integra outros além de si mesmo e de seu grupo de origem. É justamente o início do processo de criação do bem comum que constitui o princípio da deliberação democrática

Assim a Escola pode, ou deve, levar o aluno a realizar descentrações sucessivas para que se perceba e se compreenda progressivamente como membro de coletivos cada vez mais amplos. Ir à Escola é livrar-se desse atavismo egocêntrico tão arraigado: é passar de seu capricho ou de seu interesse para uma decisão elaborada em um pequeno grupo; da consideração da vontade de um grupo para a de uma sala de aula, da sala de aula

> A Escola deve permitir aos alunos associarem-se para realizar projetos juntos e para aprender a "criar sociedade".

à escola, da escola ao bairro, do bairro à cidade, da cidade ao país, do país à humanidade...

E isso é efetivamente possível no dia-a-dia: em um trabalho de grupo, perceber como um outro aluno compreende as instruções já é uma primeira etapa. Levar em conta suas objeções e modificar sua proposição, em uma correção coletiva de um exercício, é uma forma de renunciar à onipotência e afastar suas veleidades narcísicas. Enfrentar-se na resolução comum de um problema aceitando opiniões contraditórias e procurando não recusar nenhuma delas é uma outra maneira de alçar mais um degrau na consideração do coletivo. Participar de um projeto onde se poderá deparar com o ponto de vista de pessoas até então ignoradas, descobrir que a consideração das diferenças pode ser geradora de progresso para cada um e para todos é ter acesso ao próprio sentido da aspiração democrática.[11]

E nós temos possibilidade de tornar esse procedimento ainda mais visível e eficaz organizando, desde a creche até o último ano do ensino médio, tempos bem específicos, segundo rituais estabelecidos, em que cada um pos-

76 Philippe Meirieu

sa expressar seu ponto de vista sobre uma questão referente à organização do trabalho coletivo – da maneira de enfileirar os pincéis depois do ateliê de pintura à maneira de rever a prova de filosofia! É assim que um aluno se forma para se tornar cidadão e, desde que o Estado o reconheça como tal, para assumir seu papel nas diferentes instâncias em que sua participação seja requisitada.

"Que se possa dar razão ao outro, *que se deva contrariar a si mesmo e aos seus próprios interesses*, isso é algo que não é fácil de entender", escreve o filósofo Hans-Georg Gadamer.[12] É justamente a educação que torna possível o lento e difícil desligamento de cada um de suas tentações egocêntricas. Assim, ela tem um papel político. Do mesmo modo que a política tem um papel educativo ao construir instituições que permitem a todos os cidadãos colocar-se acima de seus conflitos de interesses... A tarefa seria impossível, sem dúvida, sem o esforço conjugado da instância escolar, que acompanha cada criança em formação em seu esforço de descentração, e as instâncias políticas que oferecem ao cidadão, dentro de cada instituição, os meios e a aspiração necessários para deixar de considerar apenas seus próprios interesses e assim conseguir olhar o mundo com os olhos dos outros.

Não pense, portanto, que "a educação para a cidadania",[13] sobre a qual ficam buzinando nos seus ouvidos de forma tão inábil, seja estranha à sua missão e às suas aspirações. Você tem um papel nesse processo, sem ter de renegar em nada seu projeto de ensinar. Evidentemente, esse não é um compromisso apenas dos professores: os diretores de estabelecimentos também são "professores de Escola". Eles asseguram a coerência educativa de todas as atividades que se desenvolvem no espaço escolar: do acolhimento ao ensino, das relações com as famílias à gestão administrativa e financeira, da manutenção dos locais à ligação com o ambiente... E existem outros "professores de Escola" que você encontrará no dia-a-dia e com os quais poderá trabalhar: as auxiliares da creche e os grandes conselheiros de educação, mas também o pessoal administrativo e de serviço.

> Professores, diretores de estabelecimento, pessoal administrativo e de serviço: todos são "professores de Escola".

Estou convencido de que, realmente, o ambiente no refeitório é absolutamente determinante para o êxito do projeto da Escola, assim como o que se passa no pátio do recreio ou nos corredores, toda vez que um aluno cruza com uma faxineira. Não ignore e, sobretudo, não despreze essas realidades em nome de seu estatuto de intelectual: nossos alunos não são apenas espíritos, e necessitam, para ter acesso à cidadania, que exista coerência ao redor deles em tudo o que se passa da Escola e emane de seus princípios. O que seria da religião cristã sem as igrejas e seus rituais, sem sua capacidade de passar a idéia de que a tarefa mais insignificante realizada ali seria uma forma de elevação? O que seria a justiça sem o cerimonial que a envolve e que suscita uma disposição particular de escuta e de respeito quando se entra em um tribunal? E o que esperamos de um verdadeiro serviço público senão que ele se comporte como tal, desde o primeiro contato e no menor gesto, em respeito às pessoas? Não existe instituição verdadeira sem uma diretoria à sua altura. Não há nenhuma chance de ter êxito na dimensão propriamente política de nosso projeto sem o reconhecimento da importância de todos aqueles que contribuem para a tarefa comum. Sem a saudação trocada de manhã com a zeladora ou com o operário da manutenção, sem a solidariedade ativa com os bedéis e o pessoal de secretaria.

Mas, para conseguir assumir plenamente sua função de formação para a democracia, seria preciso antes de tudo que a Escola garantisse um lugar de destaque, dentro das aprendizagens fundamentais da escolaridade obrigatória, ao *direito*. A ausência dessa matéria no ensino fundamental é totalmente absurda; de fato, em uma democracia, o direito é o que "ajuda a manter os homens juntos" e rege suas relações. É uma construção dos homens que substitui o dogma intemporal que cai do céu em algum lugar. Que uma democracia não consagre ao direito, à sua história e às suas aplicações pelo menos tantas horas semanais quanto a sociedade religiosa do século XIX consagrava ao catecismo é totalmente aberrante! É muito fácil, depois, ficar se queixando de nossa fragilidade e lamentar a solidez das sociedades teocráticas que nos ameaçam!

Mas, por mais indispensável que seja, o ensino do direito não pode resolver por si só todos os problemas de formação para a democracia. Toda a instituição escolar deve incorporar esse problema... em cada aula, em cada classe e em cada estabelecimento do ensino fundamental. *Primeiro em cada aula*: proporcionando sistematicamente aos alunos os meios de recorrer a experiências ou a documentos a fim de habituá-los a não mais acreditar apenas nas palavras de alguém. *Depois em cada classe*: adotando sistematicamente objetos de observação, de estudo e de debate, discutindo regularmente e serenamente com os alunos sobre os métodos de trabalho utilizados e sua eficácia.[14] *Finalmente, nas escolas de nível fundamental e médio*: promovendo instâncias de representação dos alunos sob mandato, e assegurando-lhes sistematicamente uma formação para saber tomar a palavra, para o debate argumentado, para a conduta de reunião... a fim de poder experimentar no cotidiano o preceito de Rousseau: "A obediência à regra que se prescreveu para si mesmo é liberdade".[15]

> A Escola deve ensinar o direito como disciplina plena, e pôr em prática, ao longo de toda escolaridade, uma verdadeira formação para a democracia.

Gostaria muito de convencê-lo aqui de que a democracia não é uma ilusão do século passado, um arcaísmo superado em um mundo onde as comunidades humanas se fecham cada vez mais em torno de crenças voltadas ao passado. Gostaria de persuadi-lo de que a liberdade de pensar, o ato de deliberar e de participar da decisão coletiva, em um espaço político definido, não estão condenados pela avalanche midiática de gurus de todo tipo.

> A democracia continua sendo para o professor a única utopia de referência possível.

Sei, no entanto, que hoje muitos vêem no ideal democrático uma quimera: acham que um requisito para qualquer sociedade seria a adesão dos indivíduos a um credo comum em qualquer sociedade. Essa é a tese defendida brilhantemente por Régis Debray em suas últimas obras:[16] uma horizontalidade só se mantém por uma verticalidade que a transcende; para que uma sociedade exista, é necessária uma força centrípeta que ela não encontra na simples associação voluntária de seus membros; mesmo quando não têm mais igrejas, os homens só se mantêm juntos porque eles partilham de crenças em um "elemento transcendente":

> A verticalidade escapa ao controle da inteligência e, no entanto, é ela que arrima os agregados humanos. [...] O unidimensional está fora de alcance. Há sempre duas dimensões. Quando você encontrar uma muralha, induza sem medo uma torre atrás – minarete, campanário ou cúpula. Se for um relativo, procure um absoluto. Se for um santuário, encontre o altar. Se for um altar, encontre o santuário.[17]

Sem dúvida, o antropólogo – observador experiente de todas as formas de agrupamento – tem razão. Mas o educador desconfia: não há muita distância entre a verticalidade e o domínio, entre a adesão necessária e a adesão imposta, entre a coesão dada por uma transcendência e a sujeição a todas as formas de clericato. Por trás do altar, tema sempre ver surgir o inquisidor. No interior do santuário, tema encontrar o ícone. E, em torno dele, os guardiões que perseguem os infiéis, àqueles que não falam "como devem", que não pensam "como devem", que não se vestem "como devem". Malditos sejam aqueles que não vão mais à missa ou que costumam desligar seu telefone celular! Os gurus da conformidade vigiam e, com o poder que lhes confere a verticalidade que invocam para si, não param de nos pressionar: "Onde você estava? O que estava fazendo? Por que você não é igual aos outros?"... Deixemos que "os agregados humanos" se constituam em torno do altar. Mas a Escola pela qual trabalhamos não deve fazer parte disso. Ela deve ajudar cada criança a resistir à pressão da norma que o agregado impõe aos seus membros. Por sua essência, ela está do lado do *cogito*, e não do *credo*. Ela é por princípio e metodologicamente democrática.

Confesso que não sei se uma verdadeira democracia é realmente possível... Eu já me debrucei por muito tempo sobre essa questão, e constato, como você, que os regimes democráticos que conhecemos hoje hestiam entre a tirania das elites e o populismo demagógico. Muitas vezes associando as duas coisas... Sei que a violência do Estado nem sempre é legítima e que os governantes pedem que a Escola respeite e ensine virtudes que eles próprios estão longe de praticar... Mas não vejo outro horizonte capaz de abarcar ao mesmo tempo meu projeto educativo e meu projeto político. Não estou certo de que a democracia possa se realizar plenamente algum dia, mas preciso acreditar nisso. Se não, eu não teria optado por ensinar... eu teria optado por ser clérigo em uma capela qualquer, guru de uma seita, animador de televisão... em suma, eu teria me tornado "profissional do poder" e não "seguidor das liberdades". Então, será que a democracia continua sendo uma utopia de referência para mim só porque isso justifica meus engajamentos passados e presentes? É bem possível. Mas é também porque já testamos a ditadura!

É por isso que devo pedir-lhe que desconfie desse esteticismo do desespero, tão difundido hoje. Sob o pretexto de que o mundo nos oferece todos os dias o espetáculo lamentável de multidões que se lançam aos pés dos tiranos ou que se idiotizam diante do cretinismo das mídias, muitos intelectuais se retiram para o Aventino*: eles não param de excomungar o mundo... mas nunca propõem nada que possa ajudar-nos a transformá-lo. Assim, uma pessoa pode ser, ao mesmo tempo, revoltada e resignada, beneficiar-se do prestígio da dissidência e da tranqüilidade da renúncia. E ganhar em todas as situações... Pode rejeitar, com desprezo, "as ilusões pedagogistas" daqueles que se incumbem, bem ou mal, da educação dos bárbaros. E satisfazer-se muito bem – mesmo que dificilmente o admita – com um mundo onde coabitam a demagogia e o elitismo, o desprezo por uns e a satisfação por outros, o *apartheid* entre os excluídos e os eleitos...

> Resistir ao prazer narcísico do pessimismo e continuar operando pelo contágio do "acontecimento pedagógico".

E, em matéria escolar, esse comportamento encontra uma aplicação fácil: a pessoa se contenta em ensinar a minoria de alunos que já conhece o gosto do saber e em despejar os outros em jardins de infância mais ou menos disfarçados. Sem imaginar, por um único instante, que dispomos de uma arma fantástica contra todas as formas de fatalismo, de um meio para tirar uns e outros de seus guetos: *a educação democrática para a democracia*.

---

* N. de T. Uma das sete colinas de Roma, perto do Tibre.

80   Philippe Meirieu

Mais uma vez, não lhe peço que abra mão de nada de seu projeto inicial. Que renuncie a ensinar as disciplinas pela quais aderiu a esse ofício. Ao contrário. É no âmago desse ensino, e assumindo plenamente sua missão de transmissão que você "ensinará a Escola".

Você se tornará assim, ao mesmo tempo, um profissional da aprendizagem e um militante político – no sentido mais nobre do termo – engajado, no dia-a-dia, na construção de um mundo à altura do homem. Como professor de Escola, você será construtor de humanidade.

Notas

1. Paris, Presses-Pocket, n. 1440, 1977, p. 139. É preciso ler esse pequeno texto, certamente um pouco datado, mas que expõe as tensões de nosso ofício de maneira exemplar.
2. *L'éducation, entrée dans la culture*, Paris, Retz, 1996, p. 84. Um livro essencial, na minha opinião, com belas argumentações sobre o acesso aos saberes – incluídos os científicos – mediante a narrativa: uma via bastante subestimada hoje.
3. *Propos sur l'éducation*, Paris, Quadrige/Presses universitaires de France, 1986, p. 21 a 30. Alain é um desses filósofos que hoje se encontram "no purgatório". É de bom tom ridicularizá-lo. De minha parte, para além de tudo o que me separa do "grande professor de classe preparatória", considero suas "palavras" particularmente estimulantes. Podemos não concordar. Mas, elas são, no mínimo, suficientemente claras e fortes para que fiquemos indiferentes.
4. Uma verdadeira "sala de aula", é claro. Não uma classe composta para satisfazer as famílias que desejam evitar que seus filhos tenham más companhias, ou uma classe constituída, a pedido dos professores, por alunos com os mesmos comportamentos e códigos culturais idênticos. A República não é compatível com salas de aula organizadas segundo o princípio de que "os iguais se atraem". Princípio, aliás, não muito diferente da célebre frase de um lamentável dirigente de extrema direita: "É preferível minha mulher à minha sobrinha, é preferível minha sobrinha à minha vizinha, etc.".
5. *Ainsi mentent les hommes*, Paris, Autrement-Littératures, 2002, p. 25.
6. Édouard Claparède, que já vimos aqui, foi, além de psicólogo e pedagogo, um grande intelectual engajado na política. Enquanto que a Suíça, sua pátria, adotava uma postura de "neutralidade" durante a Segunda Guerra Mundial, ele denunciava sua hipocrisia e condenava firmemente, em um texto que só seria divulgado em 1947, após sua morte, "as férias da probidade": "Enquanto que a doutrina da Força tem como base a afirmação incondicional do Eu, e leva à extensão de sua potência, a doutrina do Espírito, ao contrário, expõe constantemente o Eu a uma limitação de sua potência: limitação na ordem intelectual, ou Verdade – limitação em favor da potência de outros, ou Direito. [...] Pode-se optar pela força. Mas o que não é admissível, quando se opta pelo Espírito, é praticar uma política que a renega. Essa traição é chamada de falha da probidade. A probidade, de fato, é a fidelidade aos princípios que se escolheu deliberadamente" (*Moral et politique, ou les vacances de la probité*, Neuchâtel, La Baconnière, 1947, p. 24, 25 e 32).

7. Olivier Reboul, um dos filósofos que mais me ajudou a compreender os desafios da educação, é quem responde à pergunta: "O que é que vale a pena ensinar?" com a bela frase: "O que une e o que liberta" (*La philosophie de l' éducation*, Paris, PUF – Que sais-je?, 1989, p. 109).

8. *Sociologie et anthropologie*, Paris, Quadrige-Presses Universitaires de France, 1993, p. 278.

9. Foi Kant que diante da pergunta "O que são as Luzes?" respondeu com a frase *"Sapere aude"*: "Ouse pensar por si mesmo" (*Qu'est-ce que Les Lumiéres?*, Paris, Hatier, 1999).

10. Sem dúvida, você compreende aqui porque lutei pelo estabelecimento dos Trabalhos Pessoais Dirigidos (TPE [N. de T. *Travaux personnels encadrés*]) e porque eu lamento tanto que eles tenham sido abandonados no último ano do ensino médio. Não é simplesmente uma questão de método, mas uma questão de princípio: é pelo papel atribuído à pesquisa documental que se mede a importância dada à formação do pensamento crítico. Os estudantes do ensino médio nos disseram isso, quando da consulta de 1998, e nos lembraram mais uma vez na primavera de 2005. É realmente uma lástima que eles não tenham sido ouvidos! Se você deseja saber mais sobre a consulta de 1998, suas conseqüências e seus desafios –, aliás, talvez você fosse estudante do ensino médio na época! –, eu lhe recomendo enfaticamente a leitura da obre coordenada por Roger Establet: *Radiographie du peuple lycéen*, Paris, ESF éditeur, 2005.

11. Esse é, evidentemente, um trabalho que se prossegue por toda a vida.

12. *L'Héritage de l'Europe*, Paris, Payot et Rivages, 1996, p. 2.

13. Que apareceu inicialmente como "disciplina transversal" nos programas das séries iniciais do ensino fundamental em 2002, do mesmo modo que o domínio da língua.

14. Nas primeiras séries do ensino fundamental, eu lhe recomendaria a prática do "conselho", tal como for formalizada por Célestin Freinet: um momento específico habitual na semana ("Agora você tem de trabalhar... e se tiver uma crítica ou uma sugestão a fazer, você fará terça-feira na reunião do conselho"; uma preparação minuciosa (uma ordem do dia elaborada pelos alunos alternadamente a partir de um caderno onde cada um pode anotar suas sugestões); um ritual exigente (um presidente e um secretário da sessão, o retorno, a cada sessão, sobre a aplicação das decisões tomadas, etc.). Nas séries finais do ensino fundamental, as coisas são, sem dúvida, mais difíceis. Mas, de um lado, nada impede um professor de regularmente dedicar um tempo à organização de um debate sobre os deveres de casa, a preparação de uma prova ou a parte que cabe, nas aulas, aos trabalho individual, ao trabalho em pequenos grupos e às exposições magistrais. E, de outro lado, há um tempo que infelizmente costuma ser mal utilizado ou que se dedica exclusivamente a informações administrativas: a hora da vida na sala de aula. Eu o aconselharia a assumir esse tempo como um verdadeiro momento de trabalho, com verdadeiros conteúdos (o debate costuma ser mais interessante quando tem como base do estudo de documentos), verdadeiros projetos (pode-se organizar uma outra coisa que não seja um passeio de fim de ano, e não é porque a idéia parte do professor que os alunos vão se envolver menos), verdadeiros desafios (desde que se distinga claramente o negociável do não-negociável, pode-se tomar decisões e garantir sua aplicação).

82 Philippe Meirieu

15. É muito comum esquecer que Rousseau, antes de escrever *O contrato social*, sua obra política fundamental, desenvolveu suas teses sobre "o pacto social" no livro V de *Emílio*, estabelecendo assim uma forte articulação entre seu projeto educativo e seu projeto político. Evidentemente, o *Emílio* é uma ficção – a educação solitária de uma criança órfã e rica por um preceptor particularmente esclarecido –, mas, de minha parte, encontro ali princípios capazes de abrir um horizonte político ao nosso ofício: na medida em que educamos as crianças para que elas possam libertar-se progressivamente de nossa tutela, elas serão capazes depois de se associar livremente.

16. Em particular, *Dieu, um itinéraire*, Paris, Odile Jacob-Poches, 2003, e *Les communions humaines*, Paris, Fayot, 2005.

17. Régis Debray, *Dieu, um itinéraire*, Paris, Odile Jacob-Poches, 2003, p. 385.

Conclusão

Utópicos por vocação...

Agora que cheguei ao fim do caminho, tenho muito medo que você me tome por um velho idiota. É que eu sei o quanto nos separa. Logo serei excluído dos quadros da venerável instituição, enquanto você está apenas entrando. Mais de 35 anos de distância. Um abismo.

Comecei minha carreira na época em que as grandes epopéias ainda estavam na ordem do dia. Os marxistas, os maoístas e os trotskistas reinavam sobre a *intelligentsia*, e quem não professasse sua lealdade a uns ou a outros era visto como um reacionário irrecuperável. Contudo, eu era apenas um companheiro de viagem desconfiado de meus camaradas revolucionários: eu admirava o ativismo incansável e a retórica a toda prova. Mas eles me davam medo: eram verdadeiras máquinas ideológicas que o nocauteavam em poucos minutos, sem que você chegasse a compreender realmente por que tinha perdido a luta. Eu ignorava, como quase todo mundo, a realidade do *gulag*, os bastidores da "grande revolução cultural proletária" chinesa e quem eram os *khmer* vermelhos. Entretanto, tudo isso me preocupava e, embora eu desfilasse de bom grado contra o imperialismo americano e pela paz do Vietnã, eu mantinha o mesmo apego a esse velho humanismo da tradição francesa que muitos de meus camaradas consideravam como "um aliado objetivo do capital".

> As grandes epopéias não funcionam mais e hoje ninguém mais acredita na grande revolução social.

Na realidade, nutrido pela leitura de Rousseau, mas também de Fourier[1] e de Mounier[2], eu acreditava que a salvação viria mais da "autogestão" do que da "ditadura do proletariado". Impregnado desde a infância pelos ideais da educação popular, eu imaginava que iríamos transformar o mundo em um gigantesco campo de escoteiros com uma divisão eqüitativa das tarefas, e com serões, todas as noites, em torno das grandes obras da nossa cultura... Assim, eu encontrava naquilo que foi chamado de "a segunda esquerda" um horizonte possível: uma maneira de reconciliar a emancipação da pessoa e a justiça social – a liberdade e a igualdade – graças à educação. Como muitos, eu ainda acreditava no advento possível da "Idéia" na história.

84 Philippe Meirieu

Depois veio a vitória da esquerda e, após os primeiros gestos simbólicos acolhidos com entusiasmo,[3] a descoberta de que a história, longe de nos conduzir aos mundos perfeitos que imaginávamos, claudicava tristemente.

Esperávamos a divisão do trabalho e da riqueza: vimos o mundo inteiro converter-se ao mercado, Bernard Tapie tornar-se ministro e as desigualdades crescerem. Acreditávamos que a liberdade de expressão possibilitaria o desenvolvimento de projetos culturais ambiciosos nos quatro cantos do país: vimos as "rádios livres" e os canais privados de televisão imobilizarem diante de seus aparelhos nossos concidadãos siderados pela vulgaridade galopante. Pedíamos que não se contentasse em "dar mais àqueles que têm menos", mas que se oferecesse a eles, sistematicamente, "o melhor", o mais exigente, o mais ambicioso: vimos desenvolver-se uma cultura de massa com objetivos puramente comerciais, enquanto grupos de parisienses exibiam seu desprezo pelo populacho. Queríamos centros sociais, teatros, bibliotecas, espaços de encontro entre as gerações e as culturas: vimos chegarem supermercados, vendedores automáticos, mundos fragmentados onde nos encontramos "entre os nossos" sob o olhar de câmeras de vigilância. Tínhamos sonhado com uma escola aberta para todos, verdadeiro crisol republicano que fizesse da mistura social um valor e da heterogeneidade um método pedagógico: vimos desenvolver-se o isolamento social das crianças, a segregação sistemática entre os estabelecimentos, a organização de carreiras estanques e estritamente hierarquizadas, à imagem de uma "sociedade extremamente compartimentada, cujas fronteiras de vizinhança ficaram mais rígidas e onde a desconfiança e a tentação separatista se impõem como princípios estruturantes da coexistência social".[4]

Sem dúvida, ainda haveria algumas nuanças a acrescentar ao quadro que talvez tenhamos pintado mais negro do que é por mero coquetismo. Ainda assim, compreendemos, ao sabor das alternâncias políticas, que nem tudo se equivale e que, eventualmente, um governo poderia resistir mais do que outro à onda avassaladora do mercado e do individualismo. O que não é pouco. Longe disso! E depois, ganhamos alguma coisa aqui ou ali: sempre que as pessoas conseguem, ainda que modestamente, pôr em prática um projeto para escapar juntas do fascínio consumista e para abrir espaço à criação coletiva. De tempos em tempos, vimos emergir iniciativas originais, com uma verdadeira ambição cultural e um esforço de mistura social e geracional, que deixam entrever que, apesar de tudo, "alguma coisa" ainda é possível... Mas, de maneira geral – é inútil esconder –, nós perdemos. A sociedade que lhe deixamos não é nem mais justa, nem mais culta, nem mais capaz de tomar nas mãos seu futuro do que aquela em que entramos outrora.

Você poderia tirar daí uma conseqüência radical: "As ilusões de nossos antepassados não ajudaram o mundo a progredir: então vamos tratar de tirar o corpo fora, não vamos sucumbir a veleidades reformadoras, a quimeras ideológicas inúteis!". Acho que seria um engano de sua parte. Em primeiro lugar, do ponto de vista *lógico*: o fim das grandes epopéias é também a abertura de novos espaços de inventividade e de esperança. O fato de não existir um único "sentido da história", do qual devêssemos ser os instrumentos mais ou menos consentidos, já é uma boa descoberta: um pouco preocupante, sem dúvida, mas também um belo desafio para nossa liberdade e nossa imaginação. Em segundo lugar, do ponto de vista *psicológico*: não se consegue viver sem uma utopia de referência. Apenas se sobrevive, patinando em um cotidiano que logo não se conseguirá mais decifrar: não há nada que permita distinguir ali o possível do desejável, a satisfação imediata torna-se o único horizonte, o cinismo ou o desespero são as únicas saídas. Finalmente, do ponto de vista *profissional*: pois, ao escolher o ofício de professor, *você apostou no futuro*.

Tornar-se professor é, de fato, investir no futuro. Pois significa trabalhar, cotidianamente, nas aprendizagens. Seria realmente um grande equívoco perder as esperanças no futuro quando na verdade todo nosso trabalho consiste em convencer cada aluno de que, contra qualquer fatalidade, existe a possibilidade de um futuro diferente para ele. Um futuro no qual, desde que tenha êxito na aprendizagem, ele poderá compreender-se melhor e compreender o mundo: assumir, prolongar e assim subverter a própria história.

> Você não pode abandonar a luta, porque você apostou no futuro.

Não é preciso sair em busca de razões para ter esperança e para lutar. Elas estão ali, ao alcance da mão, na lição mais banal, no exercício mais irrelevante, nas aulas que temos de dar hoje, bem ali. Elas são evidentes e invisíveis ao mesmo tempo, no próprio ato pelo qual transmitimos aos nossos alunos os saberes que herdamos e dos quais eles se apropriarão. Nesse metabolismo estranho pelo qual eles se apoderam daquilo que lhes propomos, transformam-no e se transformam. Nessa descoberta surpreendente de que podem ler, escrever, comunicar-se em uma língua estrangeira, utilizar modelos científicos, obter boas *performances* físicas ou ter acesso à emoção artística. Nessa exaltação sublime, quando eles descobrem, finalmente, que podem compreender. Nesse sentimento estranho de que a compreensão é, ao mesmo tempo, a coisa mais solitária do mundo e a que nos une mais profundamente aos outros. Nesse crescimento imprevisível das crianças que nós acompanhamos sem jamais dominá-lo.

86 Philippe Meirieu

> "Volte para dentro de você mesmo", como dizia Rilke ao jovem poeta. Você encontrará na própria essência de seu projeto de ensinar as razões para não perder as esperanças nem no seu ofício, nem no mundo.

Isso sintetiza, de algum modo, toda a esperança do mundo: essas coisas pelas quais os pedagogos lutam desde sempre. Essas coisas pelas quais lhe peço para não cruzar os braços: um horizonte onde se conciliariam a inteligência e a liberdade, a cultura assumida e a invenção do possível, a realização de si e a solidariedade do coletivo. Um horizonte que não sei se algum dia seremos capazes de realizar na esfera do político, mas estou convencido de que o político não pode eliminar sob pena de perder toda sua credibilidade aos olhos dos homens.

Assim, é na própria dinâmica do ato de ensinar, na própria essência do ato de aprender, que podemos encontrar a matéria para instituir a Escola e construir um futuro possível para os homens. Gaston Bachelard rogava por um mundo em que "a Sociedade seja feita para a Escola e não a Escola para a Sociedade.[5]

Os professores não têm futuro. Eles são o futuro. E, sobretudo, você...

"Capazes de tudo. A ti, 'tudo'".
Fernand Deligny, *Graine de crapule*,
Paris, Éditions du Scarabée, 1960.

Notas

1. Charles Fourier (1772-1837) é o autor de uma obra estranha e inclassificável, delirante em muitos aspectos, que sugere organizar a sociedade em falanstérios: comunidades harmônicas fundadas na complementaridade das paixões, na mestiçagem social e na divisão igualitária do trabalho e dos bens. Utopista por excelência, Fourier expressa uma "alternativa poética" – como dirá André Breton – ao racionalismo marxista. Visionário, ele lança as bases do movimento cooperativo do qual talvez ainda não se tenha conseguido explorar todas as riquezas e perspectivas.

2. Emmanuel Mounier (1905-1950) fundou um movimento de pensamento que chamou de "personalismo comunitário". Cristão e revolucionário, laico convicto e militante contra todas as formas de ditadura, ele considera que os aparelhos políticos da esquerda são incapazes, por si sós, de dar aos homens a esperança de um mundo melhor; em compensação, ele acredita que o movimento de "personalização" (contra todas as formas do "impessoal") assumido pela educação, pela cultura e por uma nova organização social pode subverter "a desordem estabelecida".

3. Hoje não imaginamos, por exemplo, a importância extraordinária que teve na época a abolição da pena de morte...

4. Esse é, na verdade, o terrível diagnóstico de Éric Maurin em sua obra *Le ghetto français – Enquête sur le séparatisme social*, Paris, Le Seuil, 2005, p. 6.
5. *La formation de l'esprit scientifique*, Paris, Vrin, 1972, p. 252.

Entrevistas com jovens professores

Por Marie-Christine Le Dû,
Jornalista na redação da France Inter
www.franceinter.com

Daqui a sete anos, a Educação terá de contratar e formar 300 mil profes-sores para substituir os que se aposentarão. Enquanto o número de candidatos a lecionar nas séries iniciais do ensino fundamental continua grande, há cada vez menos estudantes tentados a lecionar para alunos de 5ª a 8ª séries e do ensino médio.

Na verdade, estes últimos estão preocupados principalmente com seu in-gresso futuro na profissão: recém-formados, 70% dos que concluem os IUFM – Institutos Universitários de Formação de Professores – são nomeados para uma circunscrição que não escolheram, longe de suas casas e quase sempre em um estabelecimento da região parisiense considerado difícil.

Assim, em Lyon, 620 dos 800 professores estagiários – aqueles que leciona-rão no ensino médio – são nomeados para seu primeiro posto das circunscri-ções de Créteil e de Versailles.

Foi lá que me encontrei com sete desses novos professores, entusiastas e apaixonados, para fazê-los falar desse emprego que escolheram exercer.

Julien tem 27 anos, é professor de ciências econômicas e sociais com formação em sociologia.

"Durante meu período de estágio, conta Julien, fiz grandes descobertas: bons contatos com colegas que trabalham muito, que se envolvem, que acreditam no que fazem, e me acrescentaram muito em apenas um ano de aprendizagem.

Coisas boas, mas também pequenas decepções: quando se têm 35 alunos em uma sala de aula, sei que nem todos se sairão bem, porque a instituição não nos oferece meios para acompanhá-los, para ajudá-los de verdade.

Porque a gente não tem tempo de se sentar ao lado deles, para explicar novamente os enunciados que não entenderam, e isso é bem doloroso!

Reconheço que há momentos de verdadeira angústia, porque temos a impressão de estar participando de uma seleção social, e que existe um grande nevoeiro em torno da natureza e dos objetivos que nos são designados. É isso que incomoda...

Se queremos realmente que todos se saiam bem, talvez seja necessário que aceitemos pagar mais impostos para pôr mais dinheiro na Educação, porque acredito que todos os jovens podem ser educáveis.

Se dissermos o tempo todo a um aluno que ele é uma nulidade e que é ruim, ele não se sairá bem. Com um professor é a mesma coisa: se vivem lhe dizendo que ele é preguiçoso, que não faz nada, que é pago para não fazer nada, que têm férias demais e que não gosta do seu ofício, uma hora qualquer isso acaba acontecendo...

E apesar de tudo, gosto desse emprego e desejo realmente ir em frente!"

Maud, 23 anos, não dá aulas em uma classe, mas em uma quadra de esportes ou em um ginásio.

Ao escolher esse ofício de professora de educação física e esportiva, a jovem realiza de certa forma o sonho dos pais, e não esquece do professor de ginástica "incrível", que teve na 5ª série. "Um professor entusiasmado que os alunos adoravam."

Estagiária no que é considerada "uma boa escola", Maud ficou um pouco decepcionada com o comportamento de seus alunos, pouco motivados para o esporte. "Para esses jovens, conta a professora, valores como o esforço, como tentar conhecer seus próprios limites físicos, superar-se... não foram adquiridos!".

O que ela também aprecia nessa disciplina é a possibilidade de conhecer os alunos com relativa rapidez e a partir de outro ponto de vista. Os colegas não estão errados ao solicitar freqüentemente a opinião do professor de esportes sobre este ou aquele aluno... embora nos conselhos de classe ou na hora de decidir se eles devem passar de ano, não se leve muito em conta o professor de educação física!

Em setembro, Maud será nomeada para o seu primeiro posto na circunscrição de Créteil. Ao receber a notícia, ela diz que ficou chateada, depois se conformou, pois sabe que não será a única nessa situação e que isso provavelmente favorecerá o trabalho em equipe...

Tornar-se professor aos 40 anos ou mais... por que não? (Em 2005, mais de 3 mil candidatos aos concursos tinham mais de 50 anos...!) É o caso de François e Marc.

Foi trabalhando com alunos e professores, primeiro como educador e depois como cenógrafo, que **François** descobriu, seu gosto pelo ensino. Mas isso não foi suficiente para decidir mudar de vida.

Depois que se tornou "dono de casa" para cuidar de seus três filhos pequenos, François decidiu retomar os estudos, e, quase naturalmente, fazer o concurso para lecionar nas séries iniciais do ensino fundamental. Uma verdadeira descoberta...

"Esse ofício me proporciona momentos mágicos com alunos, que ficam felizes ao descobrir alguma coisa nova. Acho que nós, professores, não estamos ali só para transmitir saberes, mas talvez, principalmente, para ensinar às crianças uma maneira de raciocinar, de se questionar desde a creche. É isso que é magnífico, apesar da desilusão de alguns colegas.

Encontrei alguns que, apesar de serem novos no ofício, já eram derrotistas, que estavam desanimados e que culpavam o sistema, porque já não tinham distância crítica, não conseguiam analisar suas próprias práticas.

Acho que o professor deve abrir sua sala, mostrar-se, o que nem sempre é fácil. É preciso aceitar o julgamento do outro."

Marc escolheu dar aulas nas maiores escolas de ensino médio. Também descobriu uma verdadeira paixão pelo ensino, apesar de ter trabalhado principalmente só, como pesquisador durante cerca de 15 anos.

"Quando a gente começa a lecionar aos 40 anos, as coisas não são mais fáceis do que para quem começa aos 24 ou aos 27 anos... Obtive meu diploma há mais de 20 anos, tinha esquecido um pouco o que era um professor, e, sobretudo, não sabia o que os alunos esperam de você. Mas, quando me vi sozinho na sala de aula, me senti muito à vontade, como se estivesse enraizado. Os alunos tinham mordido a isca!

Foi isto que descobri: que havia crianças que, segundo me diziam, não se interessavam por nada, não tinham vontade de aprender, não se concentravam. No entanto, elas me ouviam...

Imaginem minha surpresa quando um pai de aluno me pediu para assistir a uma aula minha: imaginei que tivesse dado alguma mancada! Na verdade, ele queria saber porque o seu filho, que sempre tinha rejeitado a escola e não gostava dela, de repente começara a se mostrar interessado... Quer dizer que estava funcionando, que estava funcionando bem com os alunos!"

O percurso seguido por **Magali**, 26 anos, foi bem diferente. Depois da faculdade, e de posse de seus diplomas, escolheu sem qualquer hesitação o ensino profissionalizante, porque ali o mesmo professor ensina várias disciplinas e trabalha com jovens que nem sempre escolheram "vir para cá", tendo sido "orientados para essa formação porque não tiveram bons resultados no ensino fundamental ou porque repetiram o 1º ano do ensino médio. "Cabe a nós, professores, mostrar-lhes que acreditamos neles, afirma Magali, que vamos recuperar sua confiança, permitir-lhes ter um ofício, construir suas vidas como todos os outros jovens de sua idade."

Muito motivada, como a maioria de seus colegas, ela também se sente um pouco desarmada nos primeiros dias de estágio, sozinha na sala de aula. "Esperava que me dessem chaves, receitas. Mas isso é um erro. Cabe a nós, jovens professores, encontrar essas chaves por nós mesmos.

Aliás, ao longo das semanas, começamos a sentir prazer e agora me sinto realmente feliz ao reencontrar meus alunos e dar aula."

Ainda menina, **Nathalie** nunca imaginou "fazer escola". Foi trabalhando como voluntária em uma escola de nível fundamental, durante uma estadia na Grã-Bretanha, que a jovem descobriu a alegria de ensinar.

Seu primeiro choque de verdade ocorreu no pátio de uma creche: "Durante o recreio, tive de separar crianças de 4 e 5 anos. Eram quatro dando chutes em outra criança caída no chão! Eu não podia imaginar que uma criança pudesse ser tão violenta...

Quanto às alegrias, elas são muitas: quando uma criança consegue escrever seu nome pela primeira vez, quando outra compreende um exercício. Hoje, fico ansiosa para estar novamente na sala de aula, para desenvolver projetos com meus alunos."

Finalmente, para **Simon**, 24 anos, filho de professor, esse ofício é quase natural. E se esse jovem professor escolheu o grego e o latim, foi por amor pela matéria... "porque na escola, e depois na universidade, encontrei professores geniais!".

Durante seu ano de estágio, Simon "pôs a mão na massa": inovou para despertar o interesse de seus alunos, nem sempre motivados para o grego e o latim.

"Agora, na aula, não é o professor que chega, abre seu fichário e começa a falar. Os alunos não são mais os mesmos e, portanto, as maneiras de ensinar são diferentes. É preciso então imaginar coisas novas... Imaginar, não diverti-los, para conduzi-los a um nível de exigência que seja elevado e, sobretudo, não tratá-los como imbecis, pois eles não suportam isso!

Hoje, acho excitante entrar em uma sala e dar aula. E, se daqui a 10, 15 ou 20 anos não achar mais divertido, bem, eu mudo de novo."

Em setembro de 2005, Julie, Maud, François, Marc, Magalie, Nathalie e Simon se tornaram professores de verdade... como outros 30 mil novos professores.

CARTA A
UM JOVEM
PROFESSOR

M514c   Meirieu, Philippe
            Carta a um jovem professor / Philippe Meirieu ; tradução Fátima Murad. – Porto Alegre : Artmed, 2006.
            96 p. ; 23 cm.

            ISBN 978-85-363-0730-5

            1. Professores – Formação. I. Título.

CDU 371.13

Catalogação na publicação: Júlia Angst Coelho – CRB 10/1712